書いて定着

# アウトプ……用……集

漢字



## もくじ

次のように感じたことのある人はいませんか？

- ☑ 授業は理解できる
  ➡ **でも問題が解けない！**
- ☑ あんなに手ごたえ十分だったのに
  ➡ **テスト結果がひどかった**
- ☑ マジメにがんばっているけれど
  ➡ **一向に成績が上がらない**

# 本書の特長と使い方

**本書は、成績アップの壁を打ち破るため、問題を解いて解いて解きまくるための アウトプット専用問題集です。**

## 基本のページ

### アウトプットに特化したスタイル

ストレスフリーでどんどん解ける！
問題を解いて解いて解きまくろう！

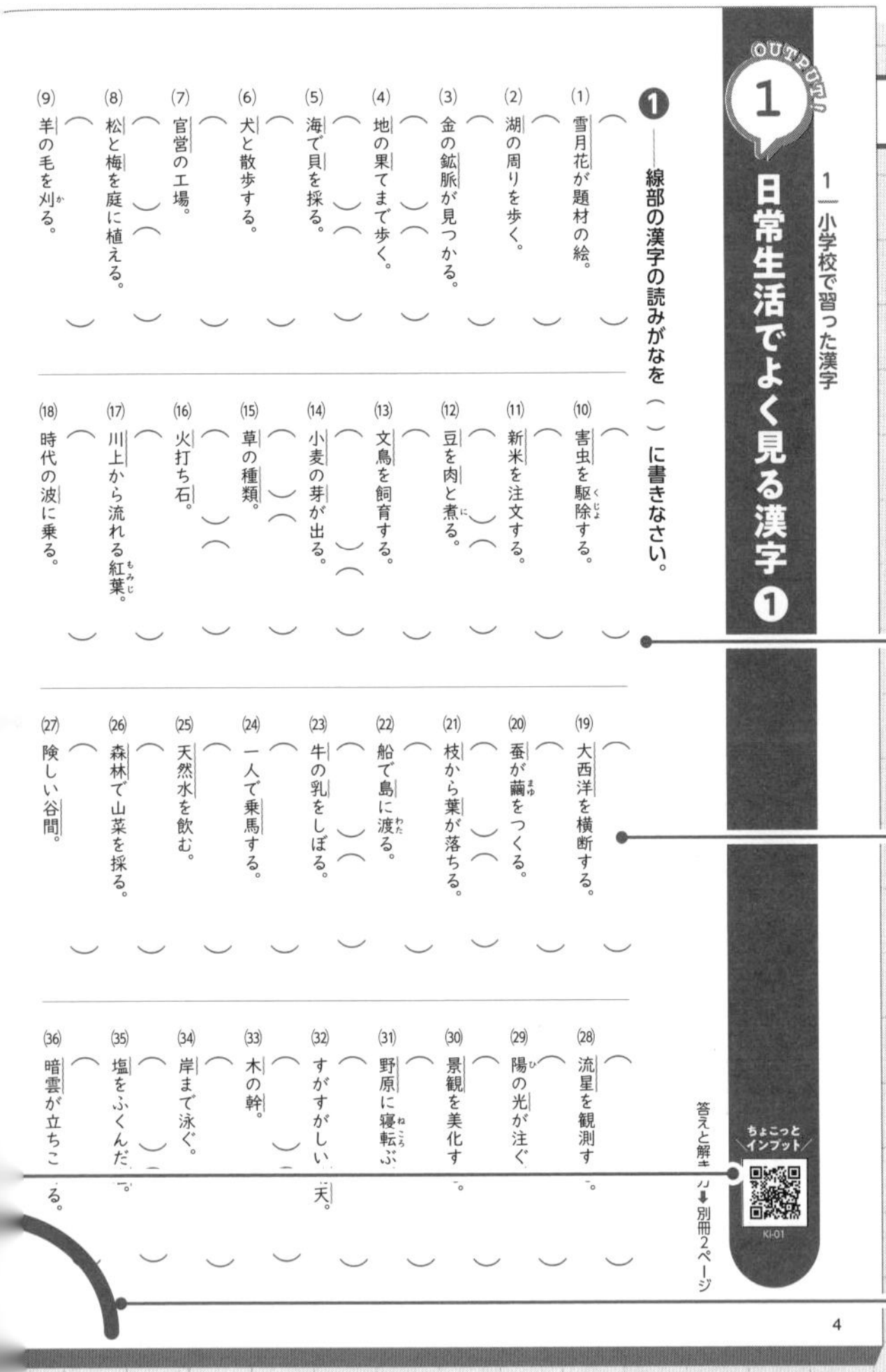


たっぷり解いて、力をつけられる！

答えはすべて書き込める！

180°開く製本だから書き込みやすい！
手を離しても本が閉じない！

## テストのページ

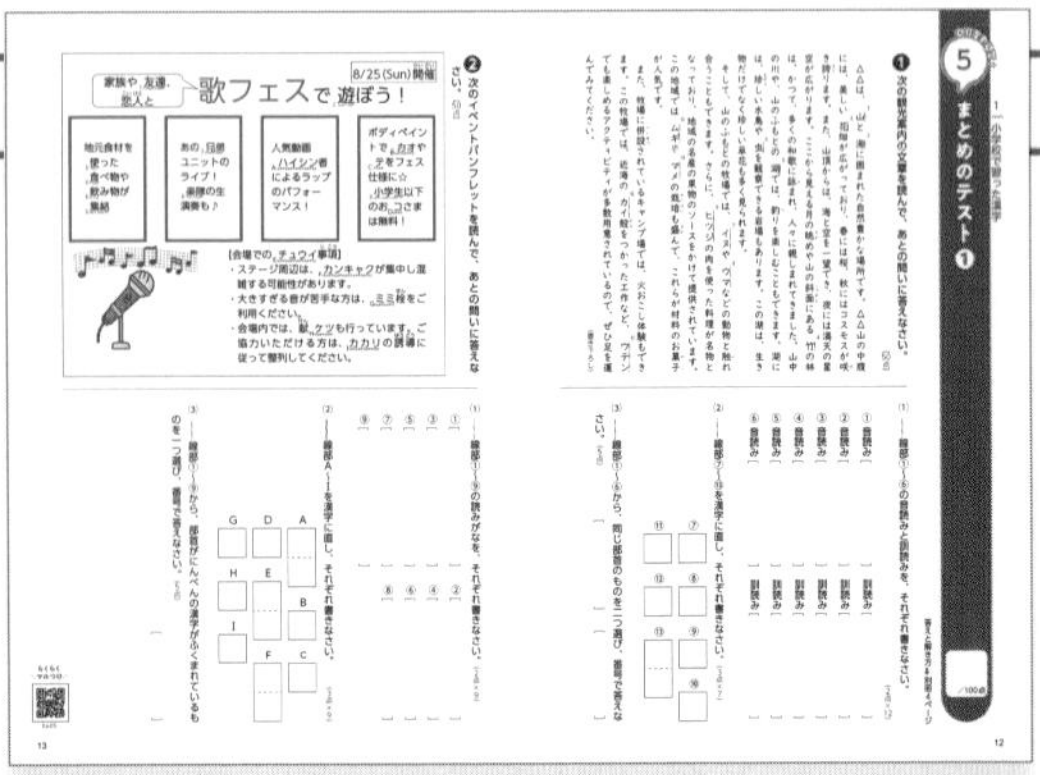


### まとめのテスト

数単元ごとに設けています。これまでに学んだ単元で重要なタイプの問題を掲載しているので、復習に最適です。点数を設定しているので、定期テスト前の確認や自分の弱点強化にも使うことができます。

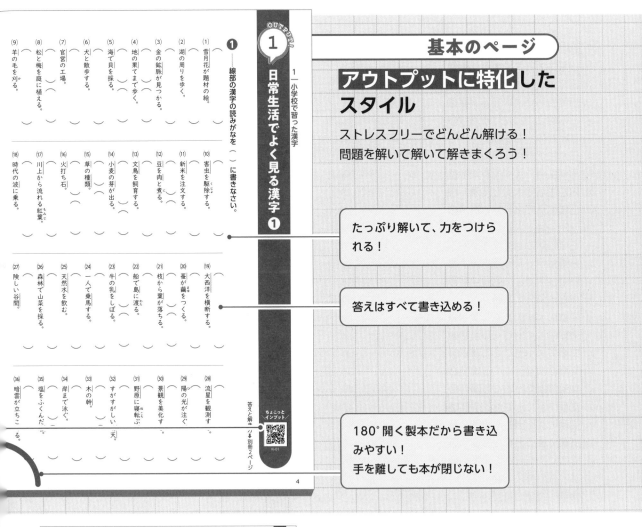

原因は実際に問題を解くという

# アウトプット不足

です。

# 本書ですべて解決できます！

## スマホを使うサポートも万全！

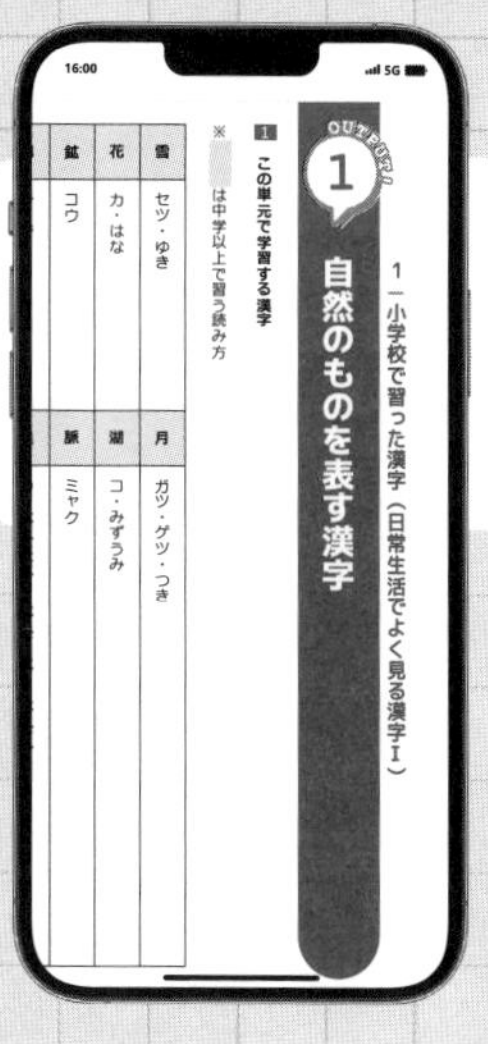


**ちょこっと インプット**

わからないことがあったら、QRコードを読みとってスマホやタブレットでサクッと確認できる！

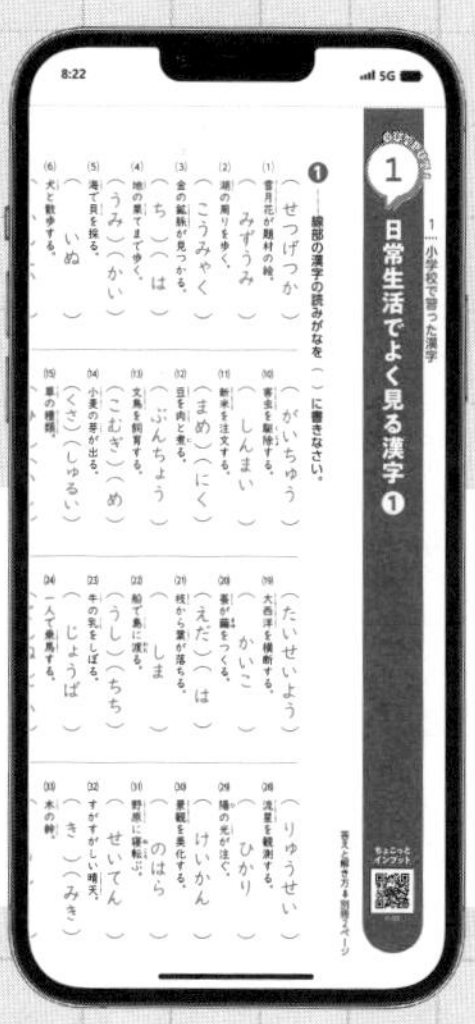


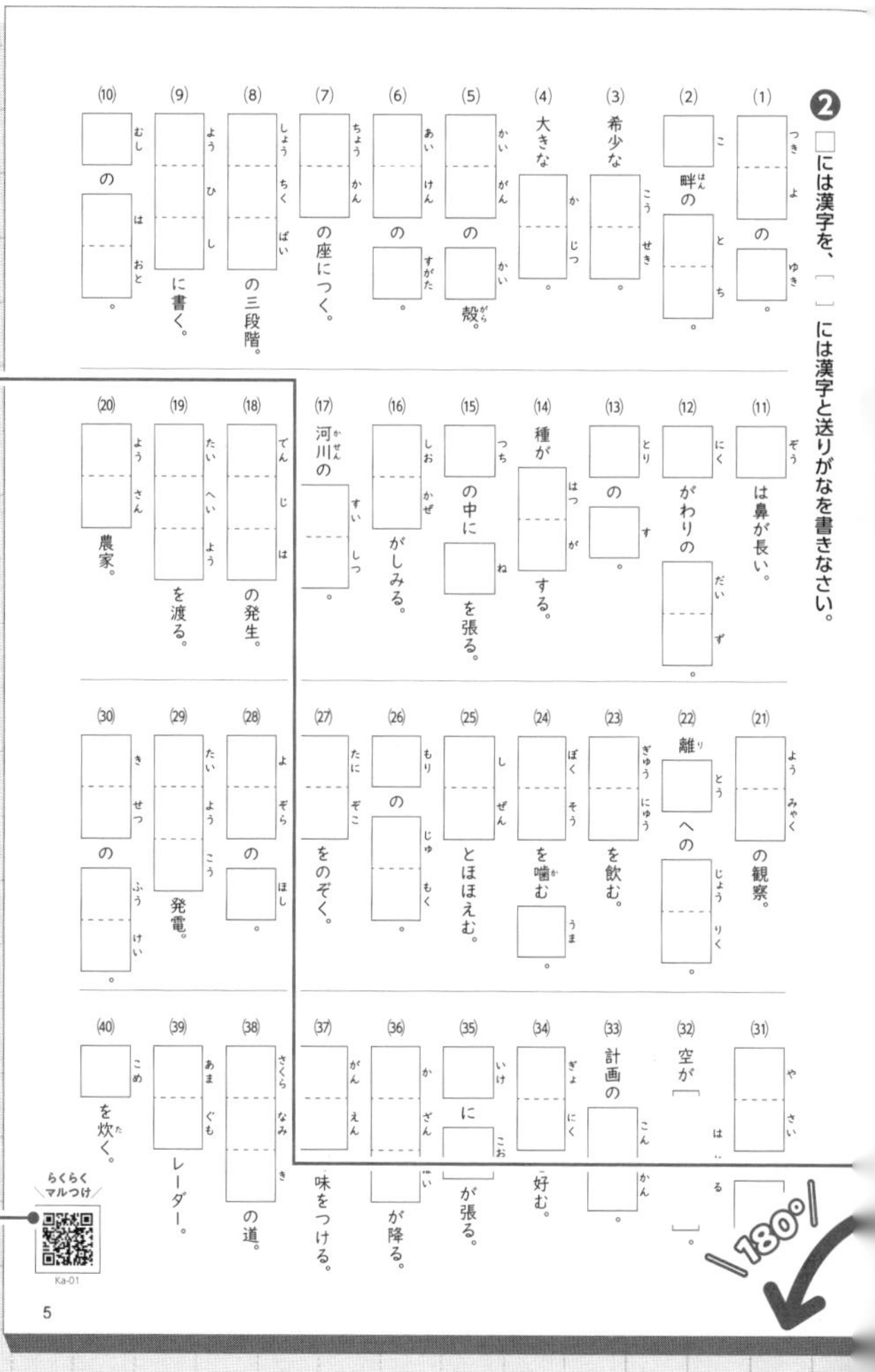


**らくらく マルつけ**

QRコードを読みとれば、解答が印字された紙面が手軽に見られる！
※くわしい解説を見たいときは別冊をチェック！

## チャレンジテスト

巻末に２回設けています。
高校入試レベルの問題も扱っているので、自身の力試しに最適です。
入試前の「仕上げ」として時間を決めて取り組むことができます。

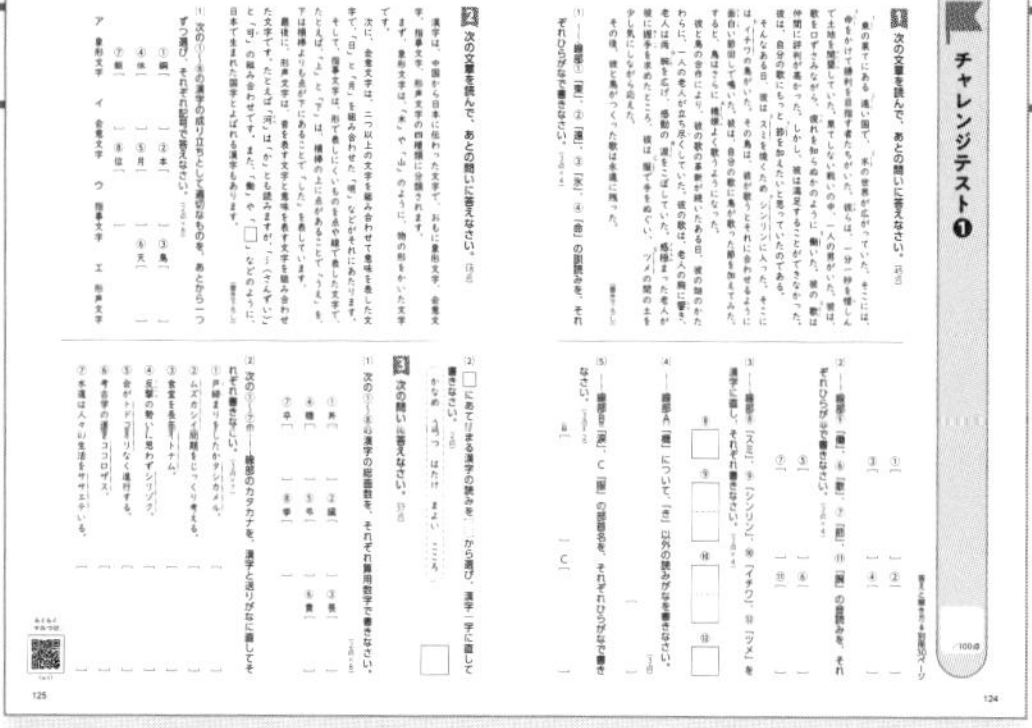




●「ちょこっとインプット」「らくらくマルつけ」は無料でご利用いただけますが、通信料金はお客様のご負担となります。●すべての機器での動作を保証するものではありません。●やむを得ずサービス内容に変更が生じる場合があります。●ＱＲコードは（株）デンソーウェーブの登録商標です。

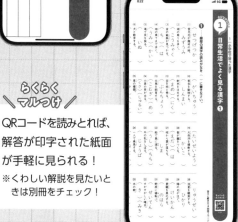

OUTPUT!
1

# 日常生活でよく見る漢字①

**①** ——線部の漢字の読みがなを（　）に書きなさい。

(1) 雪月花が題材の絵。（　　）
(2) 湖の周りを歩く。（　　）
(3) 金の鉱脈が見つかる。（　　）
(4) 地の果てまで歩く。（　　）
(5) 海で貝を採る。（　　）
(6) 犬と散歩する。（　　）
(7) 官営の工場。（　　）
(8) 松と梅を庭に植える。（　　）（　　）
(9) 羊の毛を刈《か》る。（　　）
(10) 害虫を駆除《くじょ》する。（　　）
(11) 新米を注文する。（　　）
(12) 豆を肉と煮《に》る。（　　）（　　）
(13) 文鳥を飼育する。（　　）
(14) 小麦の芽が出る。（　　）（　　）
(15) 草の種類。（　　）
(16) 火打ち石。（　　）（　　）
(17) 川上から流れる紅葉《もみじ》。（　　）
(18) 時代の波に乗る。（　　）
(19) 大西洋を横断する。（　　）
(20) 蚕が繭《まゆ》をつくる。（　　）
(21) 枝から葉が落ちる。（　　）（　　）
(22) 船で島に渡《わた》る。（　　）
(23) 牛の乳をしぼる。（　　）（　　）
(24) 一人で乗馬する。（　　）
(25) 天然水を飲む。（　　）
(26) 森林で山菜を採る。（　　）
(27) 険しい谷間。（　　）
(28) 流星を観測する。（　　）
(29) 陽《ひ》の光が注ぐ。（　　）
(30) 景観を美化する。（　　）
(31) 野原に寝転《ねころ》ぶ。（　　）
(32) すがすがしい晴天。（　　）
(33) 木の幹。（　　）
(34) 岸まで泳ぐ。（　　）
(35) 塩をふくんだ岩。（　　）（　　）
(36) 暗雲が立ちこめる。（　　）

答えと解き方➡別冊2ページ

ちょこっとインプット
Ki-01

## ❷ □には漢字を、［ ］には漢字と送りがなを書きなさい。

(1) □《つきよ》の□《ゆき》。

(2) □《こ》畔《はん》の□《とち》。

(3) 希少な□《こうせき》。

(4) 大きな□《かじつ》。

(5) □《かいがん》の□《かい》殻《がら》。

(6) □《あいけん》の□《すがた》。

(7) □《ちょうかん》の座につく。

(8) □《しょうちくばい》の三段階。

(9) □《ようひし》に書く。

(10) □《むし》の□《はおと》。

(11) □《ぞう》は鼻が長い。

(12) □《にく》がわりの□《だいず》。

(13) □《とり》の□《す》。

(14) 種が□《はつが》する。

(15) □《つち》の中に□《ね》を張る。

(16) □《しおかぜ》がしみる。

(17) 河川《かせん》の□《すいしつ》。

(18) □《でんじは》の発生。

(19) □《たいへいよう》を渡る。

(20) □《ようさん》農家。

(21) □《ようみゃく》の観察。

(22) 離《り》□《とう》への□《じょうりく》。

(23) □《ぎゅうにゅう》を飲む。

(24) □《ぼくそう》を噛《か》む□《うま》。

(25) □《しぜん》とほほえむ。

(26) □《もり》の□《じゅもく》。

(27) □《たにぞこ》をのぞく。

(28) □《よぞら》の□《ほし》。

(29) □《たいようこう》発電。

(30) □《きせつ》の□《ふうけい》。

(31) □《やさい》の□《たね》。

(32) 空が［　　］《はれる》。

(33) 計画の□《こんかん》。

(34) □《ぎょにく》を好む。

(35) □《いけ》に□《こおり》が張る。

(36) □《かざんばい》が降る。

(37) □《がんえん》で味をつける。

(38) □《さくらなみき》の道。

(39) □《あまぐも》レーダー。

(40) □《こめ》を炊《た》く。

らくらくマルつけ

Ka-01

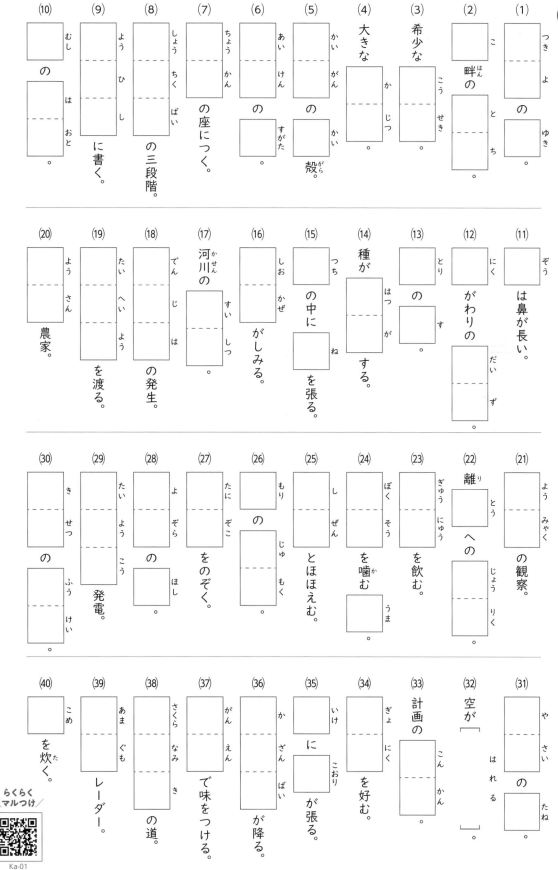

OUTPUT! 2

# 日常生活でよく見る漢字②

❶ ――線部の漢字の読みがなを（　）に書きなさい。

(1) 徒労に終わる。（　　）
(2) 子が孫を抱《だ》く。（　　）（　　）
(3) 目的を果たす。（　　）
(4) 各自で調べる。（　　）
(5) 配達が終わる。（　　）
(6) 妹の誕生日を祝う。（　　）
(7) 顔が広い。（　　）
(8) 鼻をくすぐる香り。（　　）
(9) 母国語に翻訳《ほんやく》する。（　　）

(10) 他人に話しかける。（　　）
(11) 彼《かれ》は童顔だ。（　　）
(12) 悪友と出かける。（　　）
(13) 候補を挙げる。（　　）
(14) 自治体の首長。（　　）
(15) 結果に満足する。（　　）
(16) 兄弟で競《きそ》い合う。（　　）
(17) 総理大臣の演説。（　　）
(18) 兵隊が行進する。（　　）

(19) 臣民に公布する。（　　）
(20) 軍人が敬礼する。（　　）
(21) 父性が芽生える。（　　）
(22) 耳寄りな話。（　　）
(23) 身を粉にする。（　　）
(24) 赤毛の馬。（　　）
(25) 異国の人との交流。（　　）
(26) 鼻血が出る。（　　）
(27) 才覚を発揮する。（　　）

(28) 両親への感謝。（　　）
(29) 犬歯を磨《みが》く。（　　）
(30) 心をくだく。（　　）
(31) 胃痛を薬で治す。（　　）
(32) 君子は豹変《ひょうへん》す。（　　）
(33) 方法を指南する。（　　）
(34) 一息つく。（　　）
(35) 客を招く。（　　）
(36) 花に愛情を注ぐ。（　　）

答えと解き方⬇別冊2ページ

ちょこっとインプット
Ki-02

## ❷ □には漢字を、［　］には漢字と送りがなを書きなさい。

(1) □□《とほ》で行く。
(2) □□《しそん》に伝える。
(3) □《め》と□《くち》をかく。
(4) ［　］《みずから》動く。
(5) □□《しめい》を記載《きさい》する。
(6) □《いもうと》は□《て》先が器用だ。
(7) □《かお》から火が出る。
(8) ティッシュで□《はな》をかむ。
(9) □《はは》の帰りを待つ。
(10) □□《ぐんたい》が出動する。

(11) □□□《じどうかん》に行く。
(12) □□《ともだち》の家。
(13) □□《てんこう》が変わる。
(14) □《くび》をかしげる。
(15) □□《だんじょ》混合の競技。
(16) □《あし》が棒になる。
(17) □《おとうと》の□《こえ》がする。
(18) □《あに》の□□□《そつぎょうしき》。
(19) □□《しんか》に命じる。
(20) □□《へいし》の訓練。

(21) 芸術を□《あい》する。
(22) うわさを□《みみ》にする。
(23) □□《しんたい》測定。
(24) その気は□□《もうとう》ない。
(25) 社長□□《ふじん》。
(26) 指から□□《しゅっけつ》する。
(27) □《あね》の□□《さいのう》。
(28) 捨て猫《ねこ》の□□《さとおや》。
(29) □《は》を磨く。
(30) □□《みんい》を反映する。

(31) □□《あんしん》する。
(32) □□《いちょう》をこわす。
(33) □《きみ》とは久しぶりだ。
(34) □□《おうじゃ》への挑戦《ちょうせん》。
(35) □□《ゆびさき》を使う。
(36) □□□□《むびょうそくさい》。
(37) □□《きゃくいん》教授。
(38) 役職に□□《にんめい》する。
(39) □《かかり》を決める。
(40) □《ち》の仕事。

らくらくマルつけ
Ka-02

# OUTPUT 3 日常生活でよく見る漢字③

❶ ――線部の漢字の読みがなを（　）に書きなさい。

(1) 計画が始動する。（　　）
(2) 電車で通学する。（　　）
(3) 進行方向。（　　）
(4) 約千円得をする。（　　）（　　）
(5) 勉学に励《はげ》む。（　　）
(6) 好成績を残す。（　　）
(7) 勝ちを決める。（　　）（　　）
(8) ペットを育てる。（　　）
(9) 協力して進める。（　　）
(10) 泳ぎが上達する。（　　）
(11) 記事を引用する。（　　）
(12) 国語を教える。（　　）
(13) 救いを見いだす。（　　）
(14) 買い物に行く。（　　）（　　）
(15) 生計をたてる。（　　）
(16) 山頂に登って休む。（　　）（　　）
(17) 扉《とびら》を開け放つ。（　　）
(18) 座席に名札を置く。（　　）（　　）
(19) 歩いて駅に行く。（　　）
(20) 制服を支給する。（　　）
(21) くじが当選する。（　　）
(22) 未来を予見する。（　　）
(23) 呼吸を合わせる。（　　）（　　）
(24) ボールを打ち返す。（　　）（　　）
(25) 見送りに出る。（　　）（　　）
(26) 悲劇が起こる。（　　）
(27) 詳《くわ》しく記す。（　　）
(28) 山で植林する。（　　）
(29) 階下から呼ぶ。（　　）
(30) 徒競走に参加する。（　　）
(31) 住民の投票率。（　　）
(32) 流れに任せる。（　　）
(33) 思考を深める。（　　）
(34) 思想に共鳴する。（　　）
(35) 木材で机を作る。（　　）
(36) 名も知らぬ花。（　　）

答えと解き方⬇別冊3ページ

ちょこっとインプット
Ki-03

## ❷ □には漢字を、［　］には漢字と送りがなを書きなさい。

(1) □《たび》の［　］《はじまり》。

(2) 飛行機に［　］《のる》。

(3) 道で財布《さいふ》を［　］《ひろう》。

(4) 電卓《でんたく》で□□《けいさん》する。

(5) テスト□□《べんきょう》をする。

(6) 愛を□□《せつぼう》する。

(7) 毎日□□《れんしゅう》する。

(8) □□《けっしょう》に［　］《すすむ》。

(9) ［　］《なき》声を［　］《きく》。

(10) 魚の□□《けんきゅう》をする。

(11) 海で□□《ゆうえい》する。

(12) 一言《ひとこと》物を［　］《もうす》。

(13) □□《きょういく》を［　］《かんがえる》。

(14) 小説を［　］《よむ》。

(15) 株を□□《ばいばい》する。

(16) □□《とざん》の準備。

(17) 机に□□《ほうち》する。

(18) 広い家に［　］《すむ》。

(19) 道を□□《ほこう》する。

(20) □□《きゅうりょう》を支払《しはら》う。

(21) ［　］《あたり》のくじ。

(22) 満月が［　］《みえる》。

(23) 駅に□□《しゅうごう》する。

(24) 葉書を□□《へんそう》する。

(25) 別れを［　］《かなしむ》。

(26) □□《かんそう》を［　］《いう》。

(27) 答えを□□《きじゅつ》する。

(28) 苗《なえ》を［　］《うえる》。

(29) □□□□《いんしょくきんし》。

(30) 家に［　］《かえる》。

(31) 結婚《けっこん》式を［　］《あげる》。

(32) 人口の□□《りゅうにゅう》。

(33) 名案を［　］《おもい》つく。

(34) 雷《かみなり》が［　］《なり》やむ。

(35) □□《さぎょう》を急ぐ。

(36) 名優が□□《しきょ》した。

(37) □□《ちじん》が［　］《くる》。

(38) 朝十時に［　］《おきる》。

(39) □□《しゅったつ》の準備。

(40) □□《きゅうじょ》隊。

らくらくマルつけ

Ka-03

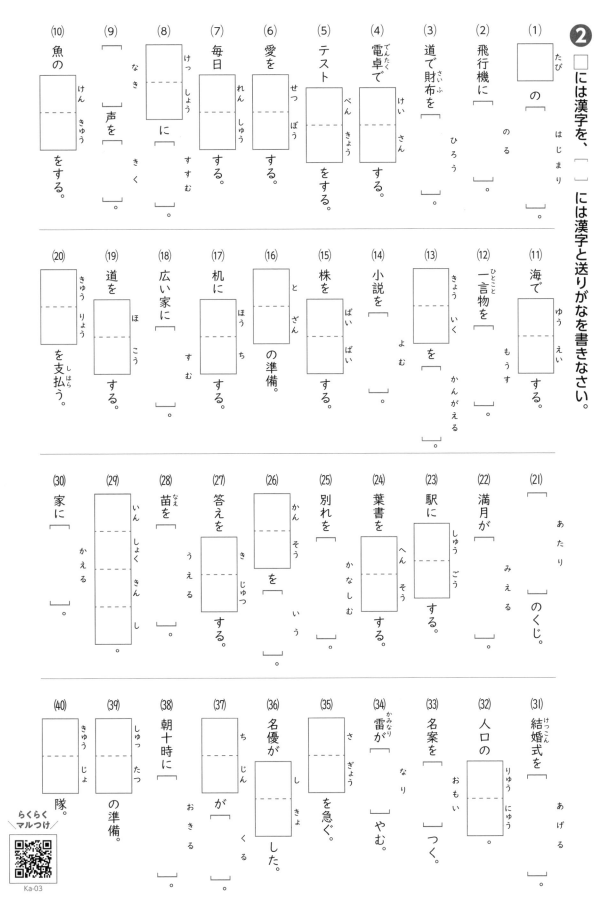

OUTPUT!

# 4 日常生活でよく見る漢字④

❶ ——線部の漢字の読みがなを（　）に書きなさい。

(1) 汚《よご》れを吸着する。（　　）
(2) 毎月貯金する。（　　）
(3) 消灯する。（　　）
(4) 息を殺す。（　　）
(5) 敗北する。（　　）
(6) 大海原《おおうなばら》を航海する。（　　）
(7) 鳥が飛ぶ。（　　）
(8) 本拠地《ほんきょち》を死守する。（　　）
(9) 必死に努める。（　　）
(10) 弁当を持ち運ぶ。（　　）（　　）
(11) プリントを配る。（　　）
(12) 笑い声を立てる。（　　）
(13) 子犬が生まれる。（　　）
(14) 責任を自覚する。（　　）
(15) 水洗トイレを使う。（　　）
(16) みんなで合唱する。（　　）
(17) 食事から栄養をとる。（　　）
(18) 罪を認める。（　　）
(19) 道《どう》路《ろ》脇《わき》に停車する。（　　）
(20) 有限な資源。（　　）
(21) 観劇に行く。（　　）
(22) 視力が下がる。（　　）
(23) 蒸気船が港に入る。（　　）
(24) 使用期限が切れる。（　　）
(25) 治水工事を行う。（　　）
(26) 建築計画を立てる。（　　）
(27) 祝勝会を開く。（　　）
(28) 争点を整理する。（　　）
(29) ボールを投げる。（　　）
(30) 望みをかなえる。（　　）
(31) 本を借りる。（　　）
(32) 汚れを除去する。（　　）
(33) 理想を追求する。（　　）
(34) 強く願う。（　　）
(35) 口を閉じる。（　　）
(36) 結論を述べる。（　　）

答えと解き方⬇別冊3ページ

ちょこっとインプット
Ki-04

## ❷ □には漢字を、［　］には漢字と送りがなを書きなさい。

(1) 砂糖を［くわえる］。
(2) 銀行で［はたらく］。
(3) □□（しょう めい）を［けす］。
(4) □□（さつ い）がわく。
(5) 作戦の□□（しっ ぱい）。
(6) 西に□□（こう ろ）をとる。
(7) □□□（ひ こう き）に乗る。
(8) 約束を［まもる］。
(9) 深く息を［すう］。
(10) 筆を□□（じ さん）する。

(11) 動画を□□（はい しん）する。
(12) □□（しゃ しん）を［まなぶ］。
(13) □□□□（じゅ ちゅう せい さん）。
(14) 公式を［おぼえる］。
(15) □□（よく しつ）を［あらう］。
(16) お経《きょう》を［となえる］。
(17) 家族を［やしなう］。
(18) 真実を□□（こく はく）する。
(19) 車の□□（うん てん）。
(20) □□（ゆう よう）な情報。

(21) ひもを［むすぶ］。
(22) 工場の□□（し さつ）。
(23) 水を［のむ］。
(24) 筆ペンを［つかう］。
(25) □□（こっ せつ）が［なおる］。
(26) 家を［たてる］。
(27) 合格を［いわう］。
(28) 会長の座を［あらそう］。
(29) □□（だ しゃ）と□□（とう しゅ）。
(30) 旅行の□（し）度《たく》。

(31) 名前を［わすれる］。
(32) 真偽《しんぎ》を［うたがう］。
(33) 異動の□□（き ぼう）。
(34) □□（しゃっ きん）の□□（へん さい）。
(35) 一部を［のぞく］。
(36) 良識を［もとめる］。
(37) 晴れ間を［まつ］。
(38) □□（ねん がん）がかなう。
(39) □□（へい かい）の□（じ）。
(40) □□（ど りょく）家。

らくらく
マルつけ
Ka-04

# OUTPUT! 5 まとめのテスト❶

／100点

答えと解き方➡別冊4ページ

## ❶ 次の観光案内の文章を読んで、あとの問いに答えなさい。 [50点]

△△は、①山と②海に囲まれた自然豊かな場所です。△△山の中腹には、美しい③花畑が広がっており、春には桜、秋にはコスモスが咲《さ》き誇《ほこ》ります。また、山頂からは、海と空を一望でき、夜には満天の星空が広がります。ここから見える月の眺《なが》めや山の斜面《しゃめん》にある④竹の林は、かつて、多くの和歌に詠《よ》まれ、人々に親しまれてきました。山中の川や、山のふもとの⑤湖では、釣《つ》りを楽しむこともできます。湖には、珍《めずら》しい水鳥や⑥虫を観察できる岩場もあります。この湖は、生き物だけでなく珍しい草花も多く見られます。

そして、山のふもとの牧場では、⑦イヌや⑧ウマなどの動物と触《ふ》れ合うこともできます。さらに、⑨ヒツジの肉を使った料理が名物となっており、地域の名産の果物のソースをかけて提供されています。この地域では⑩ムギや⑪マメの栽培《さいばい》も盛《さか》んで、これらが材料のお菓子《かし》が人気です。

また、牧場に併設《へいせつ》されているキャンプ場では、火おこし体験もできます。この牧場では、近海の⑫カイ殻《がら》をつかった工作など、⑬ウテンでも楽しめるアクティビティが多数用意されているので、ぜひ足を運んでみてください。

（書き下ろし）

(1) ――線部①～⑥の音読みと訓読みを、それぞれ書きなさい。（2点×12）

① 音読み［　　］ 訓読み［　　］
② 音読み［　　］ 訓読み［　　］
③ 音読み［　　］ 訓読み［　　］
④ 音読み［　　］ 訓読み［　　］
⑤ 音読み［　　］ 訓読み［　　］
⑥ 音読み［　　］ 訓読み［　　］

(2) ――線部⑦～⑬を漢字に直し、それぞれ書きなさい。（3点×7）

⑦□　⑧□　⑨□　⑩□
⑪□　⑫□　⑬□□

(3) ――線部①～⑥から、同じ部首のものを二つ選び、番号で答えなさい。（5点）

［　　］［　　］

## ❷ 次のイベントパンフレットを読んで、あとの問いに答えなさい。〔50点〕

8/25(Sun)開催《かいさい》

家族や①友達、恋人《こいびと》と

# 歌フェスで②遊ぼう！

地元食材を③使った④食べ物や⑤飲み物が⑥集結

あの⑦兄弟ユニットのライブ！⑧楽隊の生演奏も♪

人気動画Aハイシン者によるラップのパフォーマンス！

ボディペイントでBカオやCテをフェス仕様に☆⑨小学生以下のおDコさまは無料！

【会場でのEチュウイ事項《じこう》】

・ステージ周辺は、Fカンキャクが集中し混雑する可能性があります。

・大きすぎる音が苦手な方は、Gミミ栓《せん》をご利用ください。

・会場内では、献《けん》Hケツも行っています。ご協力いただける方は、Iカカリの誘導《ゆうどう》に従って整列してください。

---

(1) ――線部①～⑨の読みがなを、それぞれ書きなさい。(2点×9)

①〔　〕 ②〔　〕 ③〔　〕 ④〔　〕 ⑤〔　〕 ⑥〔　〕 ⑦〔　〕 ⑧〔　〕 ⑨〔　〕

(2) ══線部A～Iを漢字に直し、それぞれ書きなさい。(3点×9)

A　B　C　D　E　F　G　H　I

(3) ――線部①～⑨から、部首がにんべんの漢字がふくまれているものを一つ選び、番号で答えなさい。(5点)

〔　〕

OUTPUT! 6

# 日常生活でよく見る漢字 ⑤

ちょこっとインプット
Ki-06

答えと解き方➡別冊4ページ

❶ ——線部の漢字の読みがなを（　）に書きなさい。

(1) 校歌を合唱する。（　）
(2) 味覚が鋭《するど》い。（　）
(3) 倉にしまいこむ。（　）
(4) 金庫を開ける。（　）
(5) 広大な畑を耕す。（　）
(6) 客船が寄港する。（　）
(7) 自転車の補助輪。（　）
(8) 穀物を粉にする。（　）
(9) 日本酒の種類。（　）
(10) 木炭を準備する。（　）
(11) 会議が長引く。（　）
(12) 歩道橋を渡《わた》る。（　）
(13) 絵画を飾《かざ》る。（　）
(14) 望遠鏡をのぞく。（　）
(15) 東京都に住む。（　）
(16) 屋根を工事する。（　）
(17) 神秘的な体験。（　）
(18) 本州の天候を調べる。（　）
(19) 至る所に咲《さ》く花。（　）
(20) 村の歴史を知る。（　）
(21) 語学に通じる。（　）
(22) 一戸建ての住宅。（　）
(23) 筆を墨《すみ》に浸《ひた》す。（　）
(24) 針と糸を用意する。（　）
(25) 市長に当選する。（　）
(26) 活字を読む。（　）
(27) 近隣《きんりん》一帯を探す。（　）
(28) 命令を無視する。（　）
(29) 史実に基《もと》づく。（　）
(30) 古典を楽しむ。（　）
(31) 玉手箱を開ける。（　）
(32) 国の興《おこ》り。（　）
(33) 答えのない問い。（　）
(34) 役不足はいなめない。（　）
(35) 法学部で学ぶ。（　）
(36) 自分には荷が重い。（　）

## ❷ □に漢字を書きなさい。

(1) □《うた》がうまい。

(2) 隠《かく》し□《あじ》。

(3) □□《そうこ》を探す。

(4) 電車が□□《はっしん》する。

(5) 広大な□□《たはた》。

(6) □《みなと》からの□□《ふなで》。

(7) □《わ》になって座《すわ》る。

(8) 杉《すぎ》の□□《かふん》。

(9) お土産《みやげ》の□□《じざけ》。

(10) □□《すみび》で焼く。

(11) □□《ぎかい》の承認《しょうにん》。

(12) 道の曲がり□《かど》。

(13) 世界的な□□《がか》。

(14) 貴重な□□《ほうぎょく》。

(15) □□□《きょうとふ》出身。

(16) □□《おくじょう》の景色。

(17) 学問の□□《かみさま》。

(18) アメリカの□《しゅう》。

(19) 古い□□《いふく》の処分。

(20) 慕《した》われる□□《そんちょう》。

(21) 複数の□□《げんご》。

(22) 入り口の引き□《ど》。

(23) □□《ひっしゃ》の気持ち。

(24) □□《いっし》乱れぬ隊列。

(25) 土曜日の□□《あさいち》。

(26) □□《かんじ》の辞書。

(27) □□《てかがみ》を見る。

(28) 日直の□□《ごうれい》。

(29) 長い□□《れきし》。

(30) 自論の□《てん》拠《きょ》を示す。

(31) □□《こうちょう》先生が話す。

(32) □□《しこく》地方。

(33) テストの□□《とうあん》。

(34) □□《やくわり》を分担する。

(35) □□《ほうりつ》の制定。

(36) 重い□□《にもつ》。

(37) □《かね》を浪費《ろうひ》する。

(38) 不動産の□□《かんり》。

(39) 土地の□□《しょゆう》。

(40) □《おび》を締《し》める。

らくらく
マルつけ

Ka-06

# OUTPUT! 7 日常生活でよく見る漢字 ❻

❶ ——線部の漢字の読みがなを（　）に書きなさい。

(1) 費用を節約する。（　　）
(2) 絵の題を決める。（　　）
(3) 会社の規則。（　　）
(4) 銀貨を磨《みが》く。（　　）
(5) 茶の湯の作法。（　　）
(6) テレビ局で働く。（　　）
(7) 車を運転する。（　　）
(8) 腕《うで》のよい刀工。（　　）
(9) 図工の授業。（　　）

(10) 旅行の予定。（　　）
(11) 電灯をつける。（　　）
(12) 関心をなくす。（　　）
(13) 電子機器を操作する。（　　）
(14) 指標を決める。（　　）
(15) 委員会に出席する。（　　）
(16) 髪《かみ》の毛を束ねる。（　　）
(17) 名前を書く。（　　）
(18) ごみ箱に捨てる。（　　）

(19) 得票数を数える。（　　）
(20) 発言が曲解される。（　　）
(21) 帳面を開く。（　　）
(22) 宮大工として働く。（　　）
(23) 区役所に行く。（　　）
(24) 具体例を挙げる。（　　）
(25) 服装を気にする。（　　）
(26) 記録を更新《こうしん》する。（　　）
(27) 道ばたで雑談する。（　　）

(28) 球を投げる。（　　）
(29) 公的な立場。（　　）
(30) 街並みを眺《なが》める。（　　）
(31) 戦いが終結する。（　　）
(32) 支柱を立てる。（　　）
(33) 計画を立てる。（　　）
(34) 医師の診察《しんさつ》。（　　）
(35) 新聞紙を捨てる。（　　）
(36) 夕飯ができる。（　　）

答えと解き方⬇別冊5ページ

ちょこっと＼インプット／
Ki-07

## 2 □に漢字を書きなさい。

(1) □□《しゅっぴ》がかさむ。

(2) □□《もんだい》の解決。

(3) □□《じんじゃ》のお守り。

(4) □□《ぎんいろ》の塗《と》□《りょう》。

(5) 冷たいお□《ちゃ》。

(6) □□□《きょくちてき》な大雨。

(7) □□《でんしゃ》の遅《おく》れ。

(8) □《かたな》を□《ぬの》でふく。

(9) □□《こうじ》が終了《しゅうりょう》する。

(10) 生存□□《きょうそう》。

(11) □□《とうだい》下《もと》暗し。

(12) □□《せきしょ》の跡地《あとち》。

(13) 精密な□□《きかい》。

(14) 一年の□□《もくひょう》。

(15) 全権を□□《いにん》する。

(16) □□《やくそく》を守る。

(17) 学校の□□□《としょしつ》。

(18) 夏の風物□《し》。

(19) □□《とうひょう》する。

(20) 好きな□《きょく》を聴《き》く。

(21) □□《てちょう》に書き込《こ》む。

(22) 巨大《きょだい》な□《きゅう》殿《でん》。

(23) 善悪の□□《くべつ》。

(24) 成功者の□《れい》。

(25) 新しい□《ふく》。

(26) 番組の□□《ろくが》。

(27) 方針を□□《そうだん》する。

(28) □□《きゅうぎ》大会を行う。

(29) 映画の□□□《こうかいび》。

(30) □□《がいとう》で取材する。

(31) □□《せんごく》時代。

(32) □□《ひばしら》が上がる。

(33) □□《しょうぎょう》を営む。

(34) □□□《はくぶつかん》の展示。

(35) □《い》療《りょう》のあり方。

(36) □□《しょうじょう》を受け取る。

(37) □□《てがみ》を書く。

(38) □□《なふだ》を付ける。

(39) □《たわら》型の酢《す》□《めし》。

(40) □《はこ》にしまう。

らくらくマルつけ

Ka-07

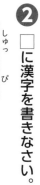

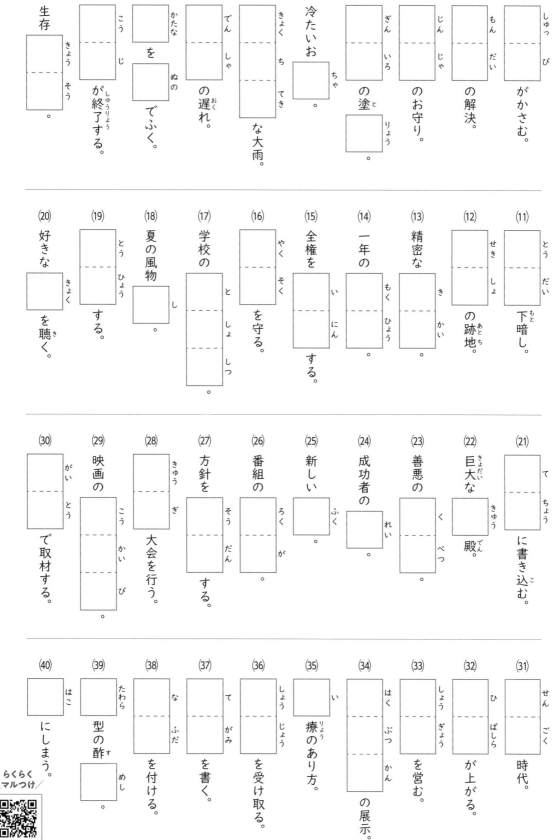

OUTPUT!

# 8 日常生活でよく見る漢字 ⑦

## ❶ ――線部の漢字の読みがなを（　）に書きなさい。

(1) 農地を拡大する。（　　　）
(2) 机を片づける。（　　　）
(3) 砂糖をなめる。（　　　）
(4) 棚《たな》に手が届く。（　　　）
(5) 荷物を郵送する。（　　　）
(6) 宗派が異なる。（　　　）
(7) 古文の現代語訳。（　　　）
(8) 江戸《えど》時代の幕府。（　　　）
(9) 食事の作法を学ぶ。（　　　）
(10) 寺院を観光する。（　　　）
(11) 本屋で新刊を探す。（　　　）
(12) ペットに命名する。（　　　）
(13) 花の都。（　　　）
(14) 温かい家庭を築く。（　　　）
(15) 油絵をかく。（　　　）
(16) 電車が駅に停車する。（　　　）
(17) 雑貨を購入《こうにゅう》する。（　　　）
(18) 人徳をたたえる。（　　　）
(19) 店じまいする。（　　　）
(20) 道の幅《はば》が狭《せば》まる。（　　　）
(21) 門をかたく閉《と》ざす。（　　　）
(22) 得意な科目。（　　　）
(23) 英会話の授業。（　　　）
(24) 大学院に進学する。（　　　）
(25) ペンで印をつける。（　　　）
(26) 器械体操。（　　　）
(27) 都道府県。（　　　）
(28) 国旗を飾《かざ》る。（　　　）
(29) 芸術の祭典。（　　　）
(30) 小皿に取り分ける。（　　　）
(31) 宿場町が栄える。（　　　）
(32) 学課を修了《しゅうりょう》する。（　　　）
(33) イギリス風の庭園。（　　　）
(34) 合板で工作する。（　　　）
(35) 薬学部を受験する。（　　　）
(36) 芸能界で活躍《かつやく》する。（　　　）

ちょこっとインプット
Ki-08

答えと解き方⬇別冊5ページ

## ❷ □には漢字を、「　」には漢字と送りがなを書きなさい。

(1) 果物の□《のうえん》。
(2) □《つくえ》に向かう。
(3) □《とうぶん》の摂取《せっしゅ》。
(4) 手紙を「　　」《とどける》。
(5) □《ゆうびん》で送る。
(6) □《しゅうきょう》を信じる。
(7) □《ろんぶん》の翻《ほん》□《やく》。
(8) 事件の「　　」《まくぎれ》。
(9) □《ひれい》をわびる。
(10) □《ちょうない》の□《てら》。

(11) □《ほん》を借りる。
(12) 互《たが》いに「　　」《なのる》。
(13) □《ゆうえんち》を楽しむ。
(14) □《いえ》を建てる。
(15) 風景を□《え》にかく。
(16) □《きしゃ》の□《えき》。
(17) □《かもつ》を運ぶ。
(18) □《とく》の高い僧侶《そうりょ》。
(19) □《かいてん》の準備。
(20) □《どうろ》を工事する。

(21) □《もんげん》を守る。
(22) □《りか》の実験。
(23) □《はなし》が盛り上がる。
(24) □《びょういん》に行く。
(25) □《いん》鑑《かん》を押《お》す。
(26) □《ようき》に移す。
(27) 奈良□《けん》の歴史。
(28) □《れいぞうこ》を買う。
(29) □《まつ》りの□《どうぐ》。
(30) 大きな□《さら》。

(31) 温泉付きの□《やど》。
(32) □《かだい》の作文。
(33) □《にわ》の落ち葉掃除《そうじ》。
(34) □《ふえ》の音。
(35) □《さか》を登る。
(36) 木の□《いた》。
(37) □《あぶら》をひく。
(38) □《くすり》を飲む。
(39) □《たびげいにん》。
(40) □《はた》を振《ふ》る。

らくらく
マルつけ
Ka-08

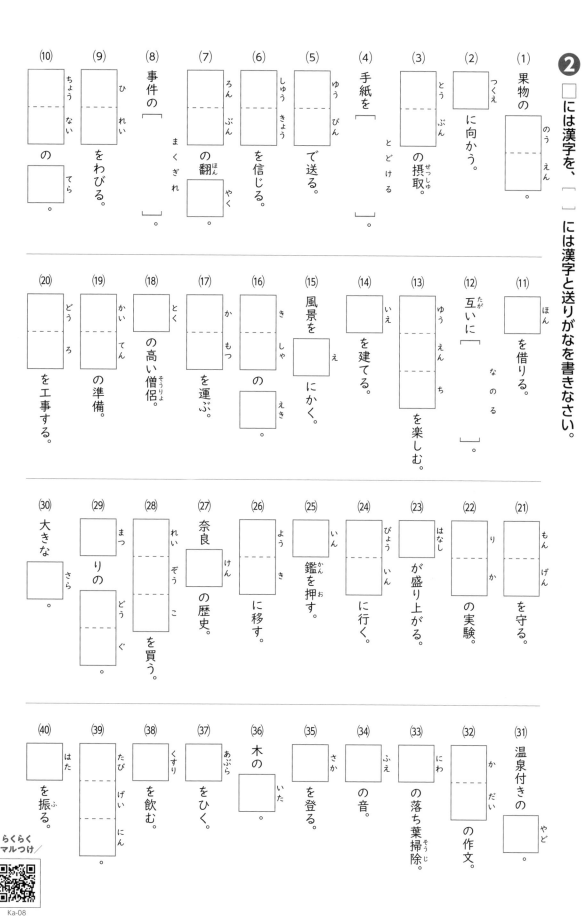

OUTPUT! 9

# 日常生活でよく見る漢字⑧

答えと解き方⬇別冊6ページ

ちょこっとインプット

Ki-09

## ❶ ――線部の漢字の読みがなを（　）に書きなさい。

(1) 右に出る者がない。（　）
(2) 三人寄れば文殊《もんじゅ》の知《ち》恵《え》。（　）
(3) 地図を上下逆にする。（　）
(4) 野球の試合の九回裏。（　）
(5) 七転び八起き。（　）
(6) 四頭の犬。（　）
(7) 百点満点。（　）
(8) 五日間の旅行。（　）
(9) 親の七光。（　）

(10) 六番の窓口に並ぶ。（　）
(11) 十中八九当たる。（　）
(12) 上を見上げる。（　）
(13) 一刻千金。（　）
(14) 二枚舌を使う。（　）
(15) 日めくりカレンダー。（　）
(16) 昼間に出かける。（　）
(17) 年を重ねる。（　）
(18) 春夏秋冬。（　）

(19) 早朝に目覚める。（　）
(20) 万年補欠の選手。（　）
(21) 日が西に沈《しず》む。（　）
(22) 曜日を確かめる。（　）
(23) 五里霧《む》中《ちゅう》。（　）
(24) 午後の会議に出る。（　）
(25) 多大な努力をする。（　）（　）
(26) 数を数える。（　）
(27) メモを回覧する。（　）

(28) 南北を通る道路。（　）
(29) 後日に郵送する。（　）
(30) 新人が台頭する。（　）
(31) 国内外に広まる。（　）
(32) 希少な資源。（　）
(33) 期待が高まる。（　）
(34) 今来たばかりだ。（　）
(35) 計算を間違《まちが》える。（　）
(36) 額面を調べる。（　）

## ❷ □には漢字を、［　］には漢字と送りがなを書きなさい。

(1) □□《さゆう》の確認《かくにん》。

(2) □《み》つ□《ご》。

(3) 作文の□《した》書き。

(4) □□《きゅうし》に□□《いっしょう》。

(5) □《はち》の字の眉《まゆ》。

(6) □□《しほう》を囲む。

(7) □《ひゃく》も承知だ。

(8) □《ご》感がさえる。

(9) □□《たなばた》祭りに行く。

(10) □□《ろっぽん》の傘《かさ》。

(11) □□□□《じゅうにんといろ》。

(12) 料理が□□《じょうたつ》する。

(13) 樹齢《じゅれい》□□《せんねん》の木。

(14) □□《にごん》はない。

(15) □□《にっこう》が差し込《こ》む。

(16) □□《ちゅうや》を問わない。

(17) □□《ねんぱい》の人。

(18) ［　　］《なつやすみ》が来る。

(19) □□□《あさめしまえ》だ。

(20) □□□《はるいちばん》が吹《ふ》く。

(21) □□《まんりき》を使う。

(22) □《ふゆ》が来る。

(23) □□《とうざい》に分かれる。

(24) □□□《どようび》に集まる。

(25) 悪事□□《せんり》を走る。

(26) □□□《ごぜんちゅう》に会う。

(27) ［　　］《おおく》の人々。

(28) □□《かいすう》が増える。

(29) □□《きたかぜ》と太陽。

(30) 一日《いちじつ》□□《せんしゅう》。

(31) □《あと》には引けない。

(32) シールの□□《だいし》。

(33) □□《かいがい》に留学する。

(34) 反対が［　　］《すくない》。

(35) □《みなみ》の国へ移住する。

(36) □□《こんど》会おう。

(37) □□□《しゅうかんし》。

(38) □□《さんすう》が得意だ。

(39) □□《はんがく》で売る。

(40) 生産□《だか》。

らくらくマルつけ

Ka-09

OUTPUT! 10

# 日常生活でよく見る漢字⑨

❶ ――線部の漢字の読みがなを（　）に書きなさい。

(1) 電話番号をメモする。（　）
(2) 二時十分を指す時計。（　）
(3) 毎週ケーキを食べる。（　）
(4) 内密にする。（　）
(5) 前の障害物をよける。（　）
(6) 腕《うで》時計を見る。（　）
(7) 組曲をつくる。（　）
(8) 苦手な教科。（　）
(9) 何度もたずねる。（　）

(10) 昔の面影《おもかげ》が残る。（　）
(11) 丁半を当てる。（　）
(12) 進級する。（　）
(13) 外に出かける。（　）
(14) 次点にとどまる。（　）
(15) 式典に参列する。（　）
(16) 家族を養う。（　）
(17) 一覧表。（　）
(18) 秒速を計算する。（　）

(19) 品物を並べる。（　）
(20) 運動部に所属する。（　）
(21) 林間学校。（　）
(22) 系列の会社。（　）
(23) 授業の時間割。（　）
(24) 高い倍率。（　）
(25) 果物の等級。（　）
(26) 度量が広い人。（　）
(27) 犯罪組織の残党。（　）

(28) 夜の習慣。（　）
(29) 静かな夕暮れどき。（　）
(30) 冊子の形にする。（　）
(31) 先人に学ぶ。（　）
(32) 墓に花を供える。（　）
(33) 北陸地方。（　）
(34) 少数派の意見。（　）
(35) 四苦八苦する。（　）
(36) 東奔《ほん》西走。（　）（　）

ちょこっとインプット
Ki-10

答えと解き方⬇別冊7ページ

## ❷ □には漢字を、「　」には漢字と送りがなを書きなさい。

(1) 自宅の□□《ばんち》。

(2) □□《ぶんすう》の計算。

(3) □□《まいあさ》走る。

(4) □□《うちがわ》に開く。

(5) 本の□□《ぜんはん》。

(6) 江戸《えど》□□《じだい》。

(7) 手を「　」《くむ》。

(8) 苦手な□□《かもく》。

(9) □□《なんかい》も言う。

(10) 祖母の□□《むかしばなし》。

(11) 豆腐《とうふ》を□□《いっちょう》買う。

(12) □□《がっきゅう》委員。

(13) 新聞の□□《ごうがい》。

(14) □《いま》と□《むかし》。

(15) 結婚《けっこん》□《しき》に出る。

(16) □□《しんぞく》が集まる。

(17) □□□□《だいいちいんしょう》。

(18) 時計の□□《びょうしん》。

(19) □□□□《てんかいっぴん》。

(20) □□《ぶかつ》にはげむ。

(21) 木々の□《あいだ》。

(22) □□□《たいようけい》。

(23) 「　」《わりびき》する。

(24) □□《ばいぞう》する。

(25) 都心の□□□《いっとうち》。

(26) □□《せつど》ある行動。

(27) □□《ととう》を組む。

(28) □《ばん》に散歩する。

(29) 日が「　」《くれる》。

(30) □□《さんさつ》の本。

(31) 「　」《さきおくり》する。

(32) 思いの□《ほか》うまくいく。

(33) □□□□《しゅんかしゅうとう》。

(34) □《に》の句が継《つ》げない。

(35) □□《ちょうしょく》をとる。

(36) □□□□《はっぽうびじん》。

(37) □□《やかん》に出歩く。

(38) □□□□《うおうさおう》。

(39) □□□□《じょういかたつ》。

(40) □《つぎ》は勝つ。

らくらくマルつけ
Ka-10

# OUTPUT! 11 日常生活でよく見る漢字⑩

**1** ——線部の漢字の読みがなを（　）に書きなさい。

(1) 大団円を迎《むか》える。（　　）

(2) 美食を楽しむ。（　　）

(3) 気力がわき出る。（　　）

(4) 青春を描《えが》いた小説。（　　）

(5) 小さな貝殻《かいがら》。（　　）

(6) 思わず赤面する。（　　）

(7) 白紙に図を書く。（　　）

(8) 道が交わる。（　　）

(9) 雪の中を歩く。（　　）

(10) 予定を早める。（　　）

(11) すべてを平らげる。（　　）

(12) 正しいやり方。（　　）

(13) 太目のごぼう。（　　）

(14) 黒々とした髪《かみ》。（　　）

(15) 団子を丸める。（　　）

(16) 試合を延長する。（　　）

(17) 明確な意思。（　　）

(18) 大物を釣《つ》り上げる。（　　）

(19) 黄色い悲鳴。（　　）

(20) 遠くの景色。（　　）

(21) 強い日差し。（　　）

(22) 根元を結ぶ。（　　）

(23) 近くの店。（　　）

(24) 寒冷な気候。（　　）

(25) 場数をふむ。（　　）

(26) 赤に着色する。（　　）

(27) 新しい製品。（　　）

(28) 弱肉強食。（　　）

(29) 同じ穴のむじな。（　　）

(30) 悪口を言う。（　　）

(31) 価格を安くする。（　　）

(32) 生死を分ける。（　　）

(33) 終わりを迎える。（　　）

(34) 美しい横顔。（　　）

(35) 短いスピーチ。（　　）

(36) 速いテンポ。（　　）

ちょこっとインプット

Ki-11

答えと解き方⬇別冊7ページ

❷ □には漢字を、「　」には漢字と送りがなを書きなさい。

(1) □《えん》形の□□《げきじょう》。

(2) □□《おんがく》を聴《き》く。

(3) 本を□□《いっき》に読む。

(4) □□《べんり》な道具。

(5) 顔が□《あお》ざめる。

(6) □□《こごえ》の□□《そうだん》。

(7) 顔を「　」《あかく》する。

(8) 「　」《こまかい》注文。

(9) □□《こうさ》する道路。

(10) □□《にっちゅう》の気温。

(11) □□《はやくち》になる。

(12) □□□□《ぜんもんせいかい》。

(13) □□《たいこ》の時代。

(14) □□《こくばん》に書く。

(15) □□《いちがん》となる。

(16) 「　」《ほそながい》山道。

(17) 「　」《あきらか》になる。

(18) □□《こうだい》な農地。

(19) □□□□《おうごんじだい》。

(20) □□□《えんきんほう》。

(21) 警備の□□《きょうか》。

(22) □□《げんごう》を改める。

(23) □《ほか》の□□《げんいん》。

(24) 火力を「　」《よわく》する。

(25) 座《すわ》れる□□《ばしょ》。

(26) 先生の□□《かおいろ》。

(27) □□《さいしん》の機種。

(28) □□□《らっかんてき》な考え。

(29) 精力的な□□《かつどう》。

(30) 規約への□□《どうい》。

(31) 病状の□□《あっか》。

(32) □□《あんぜん》の確保。

(33) 「　」《くらい》部屋。

(34) 道路の□□《しかく》。

(35) 電車の□□《しゅうてん》。

(36) □□《びじゅつ》の授業。

(37) □□《たんき》の契約《けいやく》。

(38) 車の□□《そくど》制限。

(39) □□《いちれつ》で並ぶ。

(40) □《ちから》を入れる。

らくらくマルつけ

Ka-11

OUTPUT! 12

# 日常生活でよく見る漢字⑪

❶ ――線部の漢字の読みがなを（　）に書きなさい。

(1) 寒々しい光景。（　）
(2) 責任の重み。（　）
(3) 暑中見舞《みま》い。（　）
(4) 深い青色。（　）
(5) 地震《じしん》の震央。（　）
(6) 自転車が横転する。（　）
(7) 湯をわかす。（　）
(8) 立体の側面。（　）
(9) 緑色の絵の具。（　）

(10) おかずを温める。（　）
(11) 常識に反する。（　）
(12) 高い建物。（　）
(13) ふくろを開ける。（　）
(14) 現場に急行する。（　）
(15) 百分率。（　）
(16) 苦心してつくる。（　）
(17) 幸せをかみしめる。（　）
(18) 主な論点。（　）

(19) 事の重大さを知る。（　）
(20) 真面目な態度。（　）
(21) 傷を手当てする。（　）
(22) 絶対音感。（　）
(23) 嵐《あらし》の前の静けさ。（　）
(24) ひどいあり様。（　）
(25) 正直な性格。（　）
(26) つまずいて転ぶ。（　）
(27) 対照的な二人。（　）

(28) 和風の料理。（　）
(29) 末席に座《すわ》る。（　）
(30) 自由を手に入れる。（　）
(31) 次回予告。（　）
(32) 喜び勇んで行く。（　）
(33) 目的を果たす。（　）
(34) 満ち足りた気持ち。（　）
(35) 老いを迎《むか》える。（　）
(36) 頭を低くする。（　）

ちょこっとインプット
Ki-12

答えと解き方⬇別冊8ページ

## 2 □には漢字を、「　」には漢字と送りがなを書きなさい。

(1) 冬の□□《かんぱ》。

(2) □□《じゅうびょう》を患《わずら》う。

(3) 「　」《あつさ》に負ける。

(4) □□《しんかい》魚《ぎょ》。

(5) 町の□□《ちゅうおう》。

(6) 布団《ふとん》に□《よこ》になる。

(7) □□《ゆげ》が立つ。

(8) 手紙の□□《ぶんめん》。

(9) 都市部の□□《りょくち》。

(10) □□《たいおん》を測る。

(11) □□□□《かがくはんのう》。

(12) 世界□□《さいこう》記録。

(13) 九時に□□《かいじょう》する。

(14) 「　」《いそぎ》の用事。

(15) 「　」《かるい》荷物。

(16) 「　」《にがい》思い出。

(17) □□《こうふく》な人生。

(18) □□《しゅよう》な都市。

(19) 遅刻《ちこく》した□□《じじょう》。

(20) □□《しんじつ》を見つける。

(21) 右足の□□《ふしょう》。

(22) 不審《ふしん》な□□《ものおと》。

(23) □□《へいせい》を保つ。

(24) □□《ようす》を見る。

(25) 定規で□□《ちょくせん》を引く。

(26) 人生の□□《てんき》。

(27) □□《はんたい》する。

(28) □□《しょうわ》の歌謡曲《かようきょく》。

(29) □□《まつだい》までの恥《はじ》。

(30) 名字の□□《ゆらい》。

(31) 来月の□□《よてい》。

(32) □□《ゆうき》を出す。

(33) 用件を「　」《とりつぐ》。

(34) □□《ふまん》がつのる。

(35) □□《ろうご》に備える。

(36) □□《れんぞく》で勝つ。

(37) □□□《ていきあつ》。

(38) □《そこ》が「　」《ない》欲望。

(39) □□《みかん》の小説。

(40) □《まと》を射る。

らくらくマルつけ
Ka-12

OUTPUT! 13

# 日常生活でよく見る漢字 ⑫

❶ ――線部の漢字の読みがなを（　）に書きなさい。

(1) 健全な趣味《しゅみ》。（　）
(2) 桜の花が散り乱れる。（　）（　）
(3) 一人取り残される。（　）
(4) 雑誌の付録。（　）
(5) 分刻みで移動する。（　）
(6) 池の周りを走る。（　）
(7) 簡単な仕事。（　）
(8) 機械を利用する。（　）
(9) 冷たい水を飲む。（　）
(10) 手を清める。（　）
(11) 別れを惜《お》しむ。（　）
(12) 必然の結果。（　）
(13) 仲間を集める。（　）
(14) 模型をつくる。（　）
(15) 食器が欠ける。（　）
(16) 浅はかな発想。（　）
(17) ひもを固く結ぶ。（　）
(18) 特別な思い出。（　）
(19) 比率を計算する。（　）
(20) 動物の成長。（　）
(21) 炭酸飲料。（　）
(22) 試合に圧勝する。（　）
(23) 仮の予約。（　）
(24) 再び出会う。（　）
(25) 駅が混雑する。（　）
(26) 逆説的に考える。（　）
(27) 尊敬の念を抱《いだ》く。（　）
(28) 批判を受け止める。（　）
(29) 疑いを否定する。（　）
(30) 人と異なる意見。（　）
(31) 興奮の渦《うず》が起こる。（　）
(32) 存亡の危機。（　）
(33) 孝養を尽《つ》くす。（　）
(34) 業務を改革する。（　）
(35) 困り顔になる。（　）
(36) 苦痛に耐《た》える。（　）

答えと解き方➡別冊8ページ

ちょこっとインプット
Ki-13

## 2 □には漢字を、「　」には漢字と送りがなを書きなさい。

(1) □《けんこう》になる。

(2) □《さんらん》する書類。

(3) 預金の□《ざんだか》。

(4) 糸くずが「　」《つく》。

(5) ごみの□《ぶんべつ》。

(6) 駅の□《しゅうへん》。

(7) □《たんぱつ》の仕事。

(8) □《りがい》の一致《いっち》。

(9) □《れいせい》な分析《ぶんせき》。

(10) 体を□《せいけつ》に保つ。

(11) 勝ち「　」《つづける》。

(12) 「　」《かならず》会おう。

(13) 旧知の□《なか》。

(14) 「　」《かたどおり》の挨拶《あいさつ》。

(15) □《けっせき》する。

(16) 外交官の□《とっけん》。

(17) 部品の□《こてい》。

(18) 季節の□《へんか》。

(19) 背を「　」《くらべる》。

(20) □《ぞうきばやし》の中。

(21) □《さんそ》を吸う。

(22) □《こうあつてき》な態度。

(23) □《かせつ》の検証。

(24) 友人との□《さいかい》。

(25) 電車が「　」《こむ》。

(26) 絵画の□《てんじ》。

(27) □《いろん》を唱える。

(28) 意思の□《そんちょう》。

(29) □《りょうしつ》なサービス。

(30) 容疑の□《ひ》認《にん》。

(31) □《ひみつ》を話す。

(32) 心が「　」《ふるい》立つ。

(33) 「　」《とうとい》教え。

(34) □《おやこうこう》をする。

(35) □《かくめい》が起こる。

(36) □《こんなん》を克服《こくふく》する。

(37) □《たんとう》者に聞く。

(38) □《しょうすうは》の意見。

(39) 「　」《いたみ》が走る。

(40) □《ぎゃくてん》劇。

らくらくマルつけ

Ka-13

# OUTPUT 14 まとめのテスト❷

／100点

答えと解き方➡別冊9ページ

❶ 次の日本の年中行事を説明した文章を読んで、あとの問いに答えなさい。［52点］

年中行事とは、①毎年②一定のAジ期に慣習として行われる行事のことです。Bシ季のある日本では、③昔から季Cセツごとに④様々な年中行事を行うことで、日々の生Dカツを彩《いろど》ってきました。

Eハルの年中行事としては、三月三日に行われる雛《ひな》Fマツリが有名です。これは女の子が⑤健康に⑥成長することを願う行事で、雛壇《ひなだん》に雛人形を飾《かざ》り、⑦白酒や桃《もも》の花などをGソナえます。

Hナツには、⑧七夕という行事が行われます。七夕が行われる七月七日は、織姫《おりひめ》と彦星《ひこぼし》が一年に一Iドだけ会える日とされ、短冊《たんざく》に願いごとを書いて笹《ささ》の葉に飾る⑨習慣になっています。

また、秋には⑩十五夜《や》といって、月がとてもきれいに見える夜があります。このときに見える月は⑪中秋の名月とよばれ、お団子や薄《すすき》などをソナえてお月見をします。

そして、Jフユになるといよいよ一年の⑫最後の日、大晦日《おおみそか》がやって来ます。大晦日にはKオオくの人が⑬家族と一緒《いっしょ》に年越《としこ》しそばを食べ、Lシン年を迎《むか》えます。年越しそばを食べることには、そばのようにMホソく長く生きるという願いが込《こ》められているといわれています。

（書き下ろし）

(1) ——線部①～⑬の漢字の読みがなを、それぞれ書きなさい。（2点×13）

① 「　　」 ② 「　　」
③ 「　　」 ④ 「　　」
⑤ 「　　」 ⑥ 「　　」
⑦ 「　　」 ⑧ 「　　」
⑨ 「　　」 ⑩ 「　　」
⑪ 「　　」 ⑫ 「　　」
⑬ 「　　」

(2) ——線部A～Mを漢字に直し、それぞれ書きなさい。（2点×13）

A □ B □ C □ D □ E □
F □ G □ H □ I □ J □
K □ L □ M □

## ❷ 次の学級新聞を読んで、あとの問いに答えなさい。［48点］

### ②球技大会のMVP・佐藤《さとう》さんにインタビュー

**3-B ①学級新聞**

Aロクガツヨウカに開催《かいさい》された②球技大会では、佐藤さんの活躍《かつやく》を賞賛する声が③多数Bキコエました。

本記事では、佐藤さんがどんな思いで大会に臨《のぞ》んでいたのか詳《くわ》しくうかがいました。

**記者**　まず、ここ一番でのシュートが印象的だったバスケットボールの④試合についてお聞きします。佐藤さんは茶道部《さどうぶ》ですが、日《ひ》ごろから何か運動はされているのでしょうか？

**佐藤さん**　とくに運動はしていないのですが、⑤茶の湯が⑥雑念をCノゾク訓練になっていたかもしれません。

**記者**　なるほど、それは興味深いですね。また、佐藤さんはあざやかな⑦旗さばきと声《せい》援《えん》で応援を大いに盛り上げていた⑧様子も評判でしたが、このように力を入れて応援してくれたのはなぜでしょうか？

**佐藤さん**　鈴木《すずき》さんがみんなの意見を取り入れてクラスTシャツをデザインしてくれたので、球技大会がDタノシミになり、当日も気合いが入りました。鈴木さんやクラスのみんなの気持ちがあったからこそ、応援に力が入ったと思います。

---

(1) ――線部①～⑧の読みがなを、それぞれ書きなさい。（2点×8）

① ［　　］　② ［　　］

③ ［　　］　④ ［　　］

⑤ ［　　］　⑥ ［　　］

⑦ ［　　］　⑧ ［　　］

(2) ――線部A～Dを漢字もしくは漢字と送りがなに直し、□には漢字を、［　］には漢字と送りがなをそれぞれ書きなさい。（3点×4）

A □□□□　B ［　　］

C ［　　］　D ［　　］

(3) ――線部①の「級」、④の「試」、⑤の「茶」、⑧の「様」の部首名を、それぞれひらがなで答えなさい。（5点×4）

① ［　　］　④ ［　　］

⑤ ［　　］　⑧ ［　　］

らくらくマルつけ

Ka-14

# OUTPUT 15 文章によく出てくる漢字 ①

答えと解き方⬇別冊9ページ

ちょこっとインプット Ki-15

## ❶ ―線部の漢字の読みがなを（ ）に書きなさい。

(1) 河原の石を拾う。（ ）
(2) 幹線道路。（ ）
(3) 鉄分が豊富な果物。（ ）
(4) 林間学校。（ ）
(5) 国交を樹立する。（ ）
(6) 泉が湧《わ》く。（ ）
(7) 砂糖を入れる。（ ）
(8) 気宇壮大《そうだい》。（ ）
(9) 銅貨を数える。（ ）
(10) セメントの原材料。（ ）
(11) 風邪《かぜ》による発熱。（ ）
(12) 卵焼きをつくる。（ ）
(13) 最近の風潮。（ ）
(14) 雑穀を食べる。（ ）
(15) 磁石で実験する。（ ）
(16) 姿勢を正す。（ ）
(17) 世界地図を広げる。（ ）
(18) 灰色の空。（ ）

## ❷ 次の部首をふくむ漢字をあとから選び、それぞれの□に書きなさい。

(1) さんずい □□
(2) かねへん □□
(3) いしへん □□
(4) きへん □□
(5) うかんむり □□
(6) れんが［れっか］ □
(7) ひ □
(8) もんがまえ □
(9) おんな □
(10) ふしづくり □
(11) のぎ □
(12) かん □

河 幹 鉄
灰 樹 間
砂 宙 卵
宇 潮 穀
磁 姿 材
熱 銅

## ❸ □には漢字を、［　］には漢字と送りがなを書きなさい。

(1) □□《うんが》の水質。

(2) 木の□《みき》。

(3) □□□《てっこうせき》の産地。

(4) □《はやし》を散策する。

(5) □□《じゅえき》に集まる虫。

(6) □□□《おんせんち》。

(7) □《すな》で山をつくる。

(8) □□《うちゅう》旅行。

(9) □□《どうぞう》を建てる。

(10) □□《ざいもく》を切る。

(11) ［　　］《あつい》スープ。

(12) □□《ゆしゅつ》額の増加。

(13) □《しお》干狩《ひが》り。

(14) □□《こくもつ》を生産する。

(15) 方位□□《じしん》。

(16) □《すがた》が見えない。

(17) □□《せいき》の発見。

(18) □□□《せっかいがん》。

(19) 時代の□□《ちょうりゅう》。

(20) □《ねつ》に浮《う》かされる。

## ❹ 次の漢字について、［　］には部首をそれぞれ抜《ぬ》き出し、（　）には部首名をひらがなでそれぞれ書きなさい。

(1) 河［　］（　）

(2) 幹［　］（　）

(3) 間［　］（　）

(4) 灰［　］（　）

(5) 樹［　］（　）

(6) 泉［　］（　）

(7) 砂［　］（　）

(8) 宙［　］（　）

(9) 卵［　］（　）

(10) 宇［　］（　）

(11) 潮［　］（　）

(12) 穀［　］（　）

(13) 磁［　］（　）

(14) 姿［　］（　）

(15) 鉄［　］（　）

(16) 熱［　］（　）

(17) 銅［　］（　）

(18) 材［　］（　）

らくらくマルつけ

Ka-15

OUTPUT! 16

# 文章によく出てくる漢字 ❷

❶ ――線部の漢字の読みがなを（　）に書きなさい。

(1) 仏の顔も三度。（　）
(2) 専門家に師事する。（　）
(3) 婦人服の売り場。（　）
(4) 友人夫妻に会う。（　）
(5) 特異な性質。（　）
(6) 眼球のしくみ。（　）
(7) 舌足らずな説明。（　）
(8) 立志伝中の人物。（　）
(9) 背後の気配。（　）

(10) 心肺機能が高まる。（　）
(11) 空腹を覚える。（　）
(12) 欲求にあらがう。（　）
(13) 国王陛下に謁見《えっけん》する。（　）
(14) 我に返る。（　）
(15) 閣議での決定。（　）
(16) 胸中を明かす。（　）
(17) 臓器を移植する。（　）
(18) 利己的な考え。（　）

(19) 奈良の大仏。（　）
(20) 反骨精神。（　）
(21) 私信を送る。（　）
(22) 皇后の地位。（　）
(23) 将軍として戦う。（　）
(24) 衆人環視《かんし》の中。（　）
(25) 筋道をつける。（　）
(26) 頭脳をはたらかせる。（　）
(27) 検察官になる。（　）

(28) 腹を立てる。（　）
(29) 情けをかける。（　）
(30) 軍の司令部。（　）
(31) 気骨が折れる。（　）
(32) 出家して法皇となる。（　）
(33) 筋力を鍛《きた》える。（　）
(34) 銀行の頭取。（　）
(35) 胸三寸に納める。（　）
(36) 感情のうつろい。（　）

答えと解き方➡別冊10ページ

ちょこっとインプット
Ki-16

## ❷ □には漢字を、〔　〕には漢字と送りがなを書きなさい。

(1) □《ぶっきょう》の伝来。

(2) □《きょうし》になる。

(3) □《ふ》人検診《けんしん》を受ける。

(4) □《つま》との旅行。

(5) □《せいかく》が悪い。

(6) □《かんさつがん》が鋭《するど》い。

(7) □《した》を巻く。

(8) □《こころざし》をもつ。

(9) 劇の□《すじ》書き。

(10) □《はい》で呼吸する。

(11) □《はら》が減る。

(12) 自分を□《わたし》という。

(13) 天皇□《へいか》。

(14) □《われ》を忘れる。

(15) □《ないかく》総理大臣。

(16) □《むね》が熱くなる。

(17) □《しんぞう》に悪い。

(18) □《じこ》紹介《しょうかい》。

(19) □《さいし》を養う。

(20) □《ほね》が折れる。

(21) □《しせいかつ》。

(22) □《こうたいし》。

(23) バレー部の□《しゅしょう》。

(24) □《こうしゅう》の面前。

(25) 腕《うで》の□《きんにく》。

(26) 各国の□《しゅのう》。

(27) □《しがんしゃ》。

(28) □《まんぷく》になる。

(29) □《かん》僚《りょう》の務め。

(30) □《じょうほう》を得る。

(31) 絵の□《はいけい》。

(32) □《ちしきよく》。

(33) 知らぬが□《ほとけ》。

(34) □《しゃちょうふじん》。

(35) □《どきょう》がある。

(36) 〔　〕《なさけ》ない姿。

(37) 案の□《こっし》。

(38) 友人の□《おっと》。

(39) □《がんか》の光景。

(40) □《せ》が高い。

らくらくマルつけ

Ka-16

# OUTPUT! 17 文章によく出てくる漢字③

① ——線部の漢字の読みがなを（　）に書きなさい。

(1) 警察官になる。（　）
(2) 試験を受ける。（　）
(3) 優《やさ》しく接する。（　）
(4) 未来を創る。（　）
(5) 織物をたたむ。（　）
(6) 犯行の予告。（　）
(7) 慣性の法則。（　）
(8) 納期を守る。（　）
(9) 絵を模写する。（　）
(10) 輸送する。（　）
(11) 問題を提起する。（　）
(12) 解答を見る。（　）
(13) 労力をかける。（　）
(14) 教授に就任する。（　）
(15) 自分を律する。（　）
(16) 犬を飼う。（　）
(17) 生誕を祝う。（　）
(18) 承服しかねる。（　）
(19) 評価が高い。（　）
(20) 役所に勤める。（　）
(21) 部屋を往復する。（　）
(22) 時が過ぎる。（　）
(23) 過保護な親。（　）
(24) 討論が激化する。（　）
(25) 周りをよく探す。（　）
(26) 銀行に預金する。（　）
(27) 試合を延長する。（　）
(28) 成果を収める。（　）
(29) 決裁が完了《かんりょう》する。（　）
(30) 拝観料を払《はら》う。（　）
(31) 遊覧船に乗る。（　）
(32) 東京の臨海部。（　）
(33) リコーダーの合奏。（　）
(34) ベルトを装着する。（　）
(35) 著名な画家。（　）
(36) 食器が破損する。（　）

答えと解き方⬇別冊10ページ

ちょこっとインプット
Ki-17

## 2 □には漢字を、［　］には漢字と送りがなを書きなさい。

(1) 厳重に□□《けいび》する。

(2) □□《せきにん》をとる。

(3) □□□《おうせつしつ》。

(4) 学校を□□《そうせつ》する。

(5) 布を□《お》る。

(6) □□《はんざい》を防ぐ。

(7) ［　］《ふなれ》な土地。

(8) □□《しゅうのう》する。

(9) □□□《もぞうし》。

(10) □□《ぼうえき》の活発化。

(11) □□□《だいとうりょう》。

(12) 衆議院の□□《かいさん》。

(13) 犯人だと□□《だんてい》する。

(14) □□《じゅぎょう》の開始。

(15) □□《ほうりつ》の□□《かいせい》。

(16) 鶏《にわとり》の□□《しいく》。

(17) □□□《たんじょうび》。

(18) 古い□□《でんしょう》。

(19) □□《ひょうばん》の作品。

(20) □□《きんろう》に感謝する。

(21) 人の□□《おうらい》。

(22) 時間の□□《けいか》。

(23) 病人の□□《かんご》。

(24) 案を□□《けんとう》する。

(25) 海底の□□《たんさ》。

(26) お金を［　］《あずける》。

(27) □□《ほうもん》を［　］《のばす》。

(28) □□□□《しゅうがくりょこう》。

(29) □□□《さいばんしょ》の決定。

(30) 仏像を［　］《おがむ》。

(31) □□□《かんらんせき》に座《すわ》る。

(32) □□□□《りんきおうへん》。

(33) □□《えんそう》する。

(34) 社長の□□《ほさ》。

(35) □□□□《あんぜんそうち》。

(36) □□□《ちょさくけん》の侵害《しんがい》。

(37) 気を□《は》る。

(38) 日光の□□《はんしゃ》。

(39) 紙を□《やぶ》って□《す》てる。

(40) □□《ていあん》書。

らくらくマルつけ

Ka-17

OUTPUT! 18

# 文章によく出てくる漢字 ❹

❶ ――線部の漢字の読みがなを（　）に書きなさい。

(1) 詳細《しょうさい》は省略する。（　）
(2) 彼《かれ》には貸しがある。（　）
(3) 迷子をさがす。（　）
(4) 受験を控《ひか》える。（　）
(5) 就職する。（　）
(6) 落下速度を計算する。（　）
(7) 喜色を浮《う》かべる。（　）
(8) 日本の降水量。（　）
(9) 需要《じゅよう》と供給。（　）
(10) 包囲する。（　）
(11) 権力を志向する。（　）
(12) 候補者を選定する。（　）
(13) 沿海の都市。（　）
(14) 意見を論述する。（　）
(15) 気軽に移動する。（　）
(16) 有罪を宣告する。（　）
(17) 耕地が荒《あ》れる。（　）
(18) 農地を拡張する。（　）
(19) 意識を取りもどす。（　）
(20) 植物を採取する。（　）
(21) 賛辞を贈《おく》る。（　）
(22) 書類を整理する。（　）
(23) 両親を敬う。（　）
(24) 組織を改編する。（　）
(25) 治療《ちりょう》の在り方。（　）
(26) 法廷《ほうてい》で弁論する。（　）
(27) 指揮者に注目する。（　）
(28) 建築の技術。（　）
(29) 映写機を動かす。（　）
(30) 現役《げんえき》を退く。（　）
(31) 寄宿学校。（　）
(32) 天の導きを感じる。（　）
(33) 機械の操作。（　）
(34) 対処に悩《なや》む。（　）
(35) 防衛白書を読む。（　）
(36) 垂直に線を引く。（　）

ちょこっとインプット
Ki-18

答えと解き方⬇別冊11ページ

## ❷ □には漢字を、「　」には漢字と送りがなを書きなさい。

(1) 説明を「　」《はぶく》。
(2) 傘《かさ》を「　」《かす》。
(3) 道に「　」《まよう》。
(4) □□《しけん》を受ける。
(5) □□《きょしゅう》を決める。
(6) 花びらが「　」《おちる》。
(7) 合格を「　」《よろこぶ》。
(8) 動物を□□《ほご》する。
(9) 神棚《かみだな》に「　」《そなえる》。
(10) 塀《へい》で「　」《かこむ》。

(11) 「　」《かざむき》が変わる。
(12) 野菜を「　」《えらぶ》。
(13) 髪《かみ》を「　」《そめる》。
(14) 意見を「　」《のべる》。
(15) 本棚を二階へ「　」《うつす》。
(16) 勝利を□□《せんげん》する。
(17) 畑を「　」《たがやす》。
(18) 市場の□□《かくだい》。
(19) □□《ちしき》の獲得《かくとく》。
(20) 職員を□□《さいよう》する。

(21) 提案に□□《さんどう》する。
(22) 車の□□《せいび》。
(23) □□《けいい》を示す。
(24) □□□《へんしゅうしゃ》。
(25) 大きな□□《そんざい》。
(26) □□□《べんごし》。
(27) □□《しき》に「　」《したがう》。
(28) 城を「　」《きずく》。
(29) □□□《えいがかん》。
(30) □□《たいにん》する。

(31) 「　」《よりみち》をする。
(32) 熱心な□□《しどう》。
(33) 鏡に姿を「　」《うつす》。
(34) 罪を□□《しょだん》する。
(35) □□□《ぼうごふく》。
(36) 枝が「　」《たれる》。
(37) 電車を「　」《おりる》。
(38) 人を「　」《まねく》。
(39) 社長のお□《とも》をする。
(40) □□《せんきょ》権。

＼らくらくマルつけ／
Ka-18

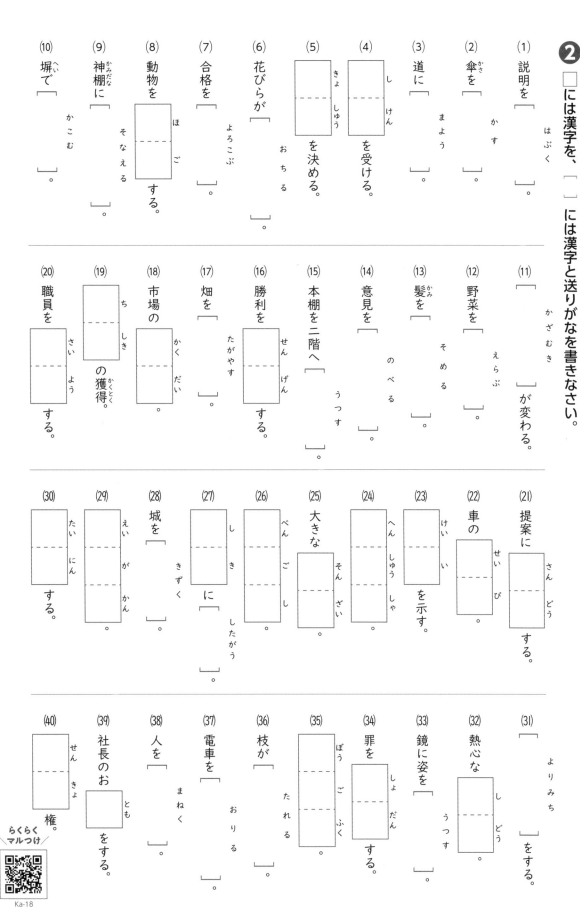

OUTPUT! 19

# 文章によく出てくる漢字 ⑤

## ❶ ――線部の漢字の読みがなを（　）に書きなさい。

(1) 功罪を問う。（　　）
(2) 綿花の収穫《しゅうかく》。（　　）
(3) 罪の意識。（　　）
(4) 堂々と胸を張る。（　　）
(5) 墓石を買う。（　　）
(6) 豊富な資金。（　　）
(7) 名家の財産。（　　）
(8) 白昼夢を見る。（　　）
(9) 券売機が故障する。（　　）
(10) 古銭を手に入れる。（　　）
(11) 謝恩会に出席する。（　　）
(12) 事務局の運営。（　　）
(13) 守衛の仕事をする。（　　）
(14) 物資を援助《えんじょ》する。（　　）
(15) 校舎を掃除《そうじ》する。（　　）
(16) 組織の機構を調べる。（　　）
(17) 広い領域の知見。（　　）
(18) 政治家の家系。（　　）
(19) 規則を守る。（　　）
(20) 確証をつかむ。（　　）
(21) 雑誌を刊行する。（　　）
(22) 職人が技術を磨《みが》く。（　　）
(23) 俳人として生きる。（　　）
(24) 班別に行動する。（　　）
(25) 盟約を結ぶ。（　　）
(26) 巻頭に掲載《けいさい》される。（　　）
(27) 故郷を懐《なつ》かしむ。（　　）
(28) 劇的な変化。（　　）
(29) 車窓の景色。（　　）
(30) 版権を手に入れる。（　　）
(31) 家賃を払《はら》う。（　　）
(32) 絹を織る。（　　）
(33) 権利を主張する。（　　）
(34) 契約書《けいやくしょ》に署名する。（　　）
(35) 針に糸を通す。（　　）
(36) 作詞作曲。（　　）

ちょこっとインプット
Ki-19

答えと解き方⬇別冊11ページ

## 2 □には漢字を、［　］には漢字と送りがなを書きなさい。

(1) □《こう》積をたたえる。

(2) □□《わたげ》が舞《ま》う。

(3) 医療《いりょう》□《はん》が到着《とうちゃく》する。

(4) お□《どう》の修理。

(5) □《はか》に花を供える。

(6) ばくだいな□《とみ》。

(7) □□《ざいほう》が見つかる。

(8) 有名な曲の□□《かし》。

(9) □□□《ていきけん》を買う。

(10) □□《せんとう》に通う。

(11) ［　］《おんがえし》をする。

(12) □□《えいぎょう》に出かける。

(13) □□□《えいせいめん》の配慮《はいりょ》。

(14) □□□□《とうしかち》。

(15) □□《ちょうしゃ》の移転。

(16) 遺伝子の□□《こうぞう》。

(17) 広大な□□《りょうち》。

(18) □□《せいさく》の実施《じっし》。

(19) 輸入の□□《きせい》。

(20) 身元を□□《しょうめい》する。

(21) 漫画《まんが》の□□《しんかん》。

(22) □□□□《きゅうぎたいかい》。

(23) □□《はいく》を詠《よ》む。

(24) □《ゆめ》がかなう。

(25) □□《どうめい》を結ぶ。

(26) マフラーを［　］《まく》。

(27) □□□□《きょうどりょうり》。

(28) □□□《じだいげき》を見る。

(29) □《まど》を開ける。

(30) □□□《さいしんばん》の辞典。

(31) □□□□《ちんぎんたいけい》。

(32) □□《きぬいと》をつむぐ。

(33) 職務上の□□《けんげん》。

(34) □□《けんぽう》の制定。

(35) □□《こうてつ》のドア。

(36) □□□《じょうかまち》。

(37) □□□《けいさつしょ》。

(38) □□□□《きょういくほうしん》。

(39) スポーツ□□《ざっし》。

(40) □《つみ》を償《つぐな》う。

らくらくマルつけ

Ka-19

OUTPUT! 20

# 文章によく出てくる漢字 ⑥

1 小学校で習った漢字

## ❶ ——線部の漢字の読みがなを（　）に書きなさい。

(1) オンラインでの受講。（　　）
(2) 以後注意する。（　　）
(3) 旅行の日程。（　　）
(4) 一字一句確かめる。（　　）
(5) ご飯の量が多い。（　　）
(6) 十の位で繰《く》り上げる。（　　）
(7) 順番に並ぶ。（　　）
(8) 均等に分ける。（　　）
(9) 複合的な原因。（　　）

(10) 日没《にちぼつ》の時刻になる。（　　）
(11) 円の半径を計算する。（　　）
(12) 国際交流。（　　）
(13) 尺八を吹《ふ》く。（　　）
(14) 株式会社を設立する。（　　）
(15) 地域の名士になる。（　　）
(16) 枚挙にいとまがない。（　　）
(17) 翌週の会議の予定。（　　）
(18) 両方の手がふさがる。（　　）

(19) 疑問の余地がない。（　　）
(20) 階段をのぼる。（　　）
(21) 地震《じしん》の前兆。（　　）
(22) 蓄《たくわ》えが減る。（　　）
(23) 高い水準。（　　）
(24) 億万長者。（　　）
(25) 新旧を比較《ひかく》する。（　　）
(26) 寸前でとどまる。（　　）
(27) 雑草が密集する。（　　）

(28) 昨年の日記。（　　）
(29) 条件を提示する。（　　）
(30) 多額の寄付をする。（　　）
(31) 事件が起こる。（　　）
(32) 期日を守る。（　　）
(33) 文章を書く。（　　）
(34) 猫《ねこ》の額ほどの庭。（　　）
(35) 雨量が減少する。（　　）
(36) 生産量が増大する。（　　）

ちょこっとインプット
Ki-20

答えと解き方➡別冊12ページ

## ❷ □には漢字を、［　］には漢字と送りがなを書きなさい。

(1) 数学の□《こうぎ》。

(2) 卒業式□《いらい》だ。

(3) □《さんけん》の質問。

(4) □《ていど》の問題。

(5) □《もんく》を言う。

(6) 重さを［　］《はかる》。

(7) 成績の□《じゅんい》。

(8) □《じょれつ》が決まる。

(9) □《へいきんてん》。

(10) 正確な□《すうち》。

(11) □《ふくすう》の選択肢《せんたくし》。

(12) 法律の□《じょうぶん》。

(13) □《いっこく》を争う。

(14) 太陽の□《ちょっけい》。

(15) □《さいげん》のない上昇《じょうしょう》。

(16) 地図の□《しゅくしゃくりつ》。

(17) 木の切り□《かぶ》。

(18) プロの□《いき》に達する。

(19) お皿の□《まいすう》。

(20) □《よくあさ》に着く。

(21) □《はちりょう》編成の列車。

(22) □《じゅう》枚《まい》［　］《あまる》。

(23) □《にかい》の部屋。

(24) □《さんちょうえん》の債務《さいむ》。

(25) 気力の□《げんたい》。

(26) 遠足の□《じゅんび》。

(27) □《いちおくえん》。

(28) 道路を□《ふっきゅう》する。

(29) □《すんぽう》を測る。

(30) □《みつりん》の中。

(31) 評価の□《しゃくど》。

(32) □《さくじつ》の記憶《きおく》。

(33) □《かくじ》の対応。

(34) 合計の□《きんがく》。

(35) 休みの□《きかん》。

(36) □《いっこ》百円で売る。

(37) 人口の□《ぞうか》。

(38) 材料を［　］《きざむ》。

(39) 記述の□《ちょうふく》。

(40) □《じゅんじょ》。

らくらくマルつけ

Ka-20

OUTPUT! 21

# 文章によく出てくる漢字⑦

❶ ——線部の漢字の読みがなを（　）に書きなさい。

(1) 争いが激化する。（　）
(2) 画面に傷がつく。（　）
(3) 易しい質問をする。（　）
(4) 研究に専念する。（　）
(5) 地盤《じばん》の液状化。（　）
(6) 紅茶を飲む。（　）
(7) 規則に合わせる。（　）
(8) 火気厳禁。（　）
(9) 災害に備える。（　）

(10) 独立して起業する。（　）
(11) 険しい山道。（　）
(12) 部屋を清潔にする。（　）
(13) 難解な本を読む。（　）
(14) 簡単な説明をする。（　）
(15) 総力を挙げる。（　）
(16) 幼少期の記憶《きおく》。（　）
(17) 肥大した自尊心。（　）
(18) 祝賀行事に参加する。（　）

(19) 船が快調に進む。（　）
(20) 不純物を除く。（　）
(21) 薬効を調べる。（　）
(22) 羊が群れる。（　）
(23) 毒性が低い植物。（　）
(24) 丼《どんぶり》にご飯を盛る。（　）
(25) 遅刻《ちこく》を許容する。（　）
(26) 可能性がある。（　）
(27) 多層から成る。（　）

(28) 勢いよく回る。（　）
(29) 精神への影響《えいきょう》。（　）
(30) 家業を再興する。（　）
(31) 国が永く続く。（　）
(32) 想像を絶する。（　）
(33) 国境線をこえる。（　）
(34) 厳格な態度。（　）
(35) 貧しい生活。（　）
(36) 快く引き受ける。（　）

答えと解き方⬇別冊12ページ

ちょこっとインプット
Ki-21

## ❷ □には漢字を、「　」には漢字と送りがなを書きなさい。

(1) 「　」《はげしい》雨。

(2) 車が□《そんしょう》する。

(3) □《ようい》な問題。

(4) □《せんもんか》。

(5) □《ゆうえき》な昆虫《こんちゅう》。

(6) □《いちだいせいりょく》。

(7) □《くちべに》を塗《ぬ》る。

(8) □《こうそく》を破る。

(9) □《きんし》事項《じこう》。

(10) □《かさい》の発生。

(11) □《たんどく》での登山。

(12) □《ひじょう》事態。

(13) □《きけん》を冒《おか》す。

(14) □《けっぱく》を証明する。

(15) □《こんなん》を克服《こくふく》する。

(16) □《かんそ》な部屋。

(17) □《そうぜい》二十人。

(18) 「　」《おさない》ころの思い出。

(19) □《ひまん》ぎみだ。

(20) □《かくだん》の変化。

(21) □《ねんがじょう》。

(22) 彼女《かのじょ》は□《かいかつ》だ。

(23) □《じゅん》粋《すい》な好意。

(24) 抜《ばっ》□《ぐん》の□《こうか》。

(25) □《きょうかいせん》。

(26) 茶碗《ちゃわん》に飯を□《も》る。

(27) 外出の□《きょか》。

(28) □《そう》が「　」《あつい》。

(29) 論文を□《せいさ》する。

(30) □《きょうみ》をもつ。

(31) □《えいきゅう》機関。

(32) □《じんぎ》を守る。

(33) □《ぜったいてき》な存在。

(34) □《けつえき》の循環《じゅんかん》。

(35) 「　」《きびしい》訓練。

(36) 「　」《むずかしい》問題。

(37) 貧《ひん》□《こん》の実態。

(38) □《き》き目がある。

(39) 気を「　」《ゆるす》。

(40) □《どく》の除去。

らくらくマルつけ

Ka-21

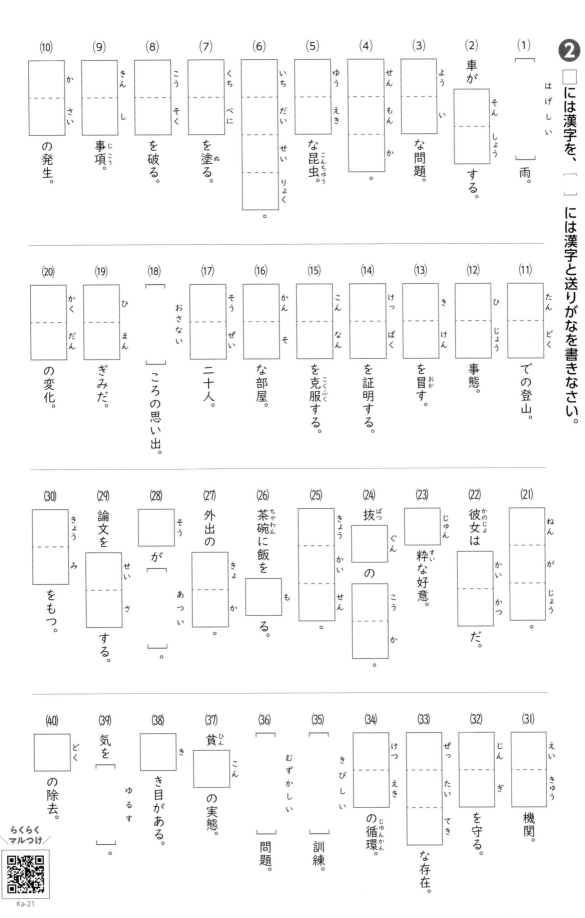

# OUTPUT! 22 文章によく出てくる漢字⑧

**1** ——線部の漢字の読みがなを（　）に書きなさい。

(1) 故意に見逃《みのが》す。（　　）
(2) 現実を見る。（　　）
(3) 貴族の慣習。（　　）
(4) 略式の裁判。（　　）
(5) 誤りを認める。（　　）
(6) 留守にする。（　　）
(7) 相棒を助ける。（　　）
(8) 干ばつが起こる。（　　）
(9) 英文を訳す。（　　）
(10) 副社長に就任する。（　　）
(11) 飛行機を操縦する。（　　）
(12) 例年並の気温。（　　）
(13) 多角形の頂点。（　　）
(14) ことばを縮める。（　　）
(15) 像を結ぶ。（　　）
(16) 漢文を訓読する。（　　）
(17) 職を与《あた》える。（　　）
(18) 先進的な技術。（　　）
(19) 心に穴があく。（　　）
(20) 紀要を発行する。（　　）
(21) 演出家を決める。（　　）
(22) 遺産を相続する。（　　）
(23) 体制を刷新する。（　　）
(24) 生活リズムの乱れ。（　　）
(25) 県の中の郡部。（　　）
(26) 義務を果たす。（　　）
(27) 数学を復習する。（　　）
(28) 諸国を放浪《ほうろう》する。（　　）
(29) 障害を乗りこえる。（　　）
(30) 片手で持てる。（　　）
(31) 誤字を直す。（　　）
(32) 目にも留まらぬ速さ。（　　）
(33) 行列に並ぶ。（　　）
(34) 乱雑な文字。（　　）
(35) 富士山の頂。（　　）
(36) 規模が縮小する。（　　）

ちょこっと インプット
Ki-22

答えと解き方⬇別冊13ページ

## ❷ □には漢字を、［　］には漢字と送りがなを書きなさい。

(1) □□《じこ》の様子。

(2) 状況《じょうきょう》を□□《さいげん》する。

(3) □□《きちょう》な時間。

(4) □□《けいりゃく》をめぐらす。

(5) □□《ごかい》しやすい点。

(6) □□《りゅうい》する。

(7) 長い□《ぼう》を拾う。

(8) 洗濯物《せんたくもの》を□《ほ》す。

(9) □□《えいご》を学ぶ。

(10) □□□《ふくどくほん》。

(11) 板の□《たて》の長さ。

(12) 碁石《ごいし》を［　　］《ならべる》。

(13) 山に□□《とうちょう》する。

(14) 時間の□□《たんしゅく》。

(15) □□□《ぐんぞうげき》。

(16) □□《きょうくん》を得る。

(17) □□《しゅうしょく》活動をする。

(18) □□《かたがわ》に寄る。

(19) □□□□《がくじゅつようご》。

(20) □□《しょうじ》を閉める。

(21) □□□《きげんぜん》の歴史。

(22) 高い□□□《えんぎりょく》。

(23) □□《いせき》の発見。

(24) □□《いんさつ》技術。

(25) □□《こんらん》する。

(26) 主役を［　　］《つとめる》。

(27) 兵士が□□《ふくいん》する。

(28) □□□《しょがいこく》。

(29) 進行に□□《ししょう》が出る。

(30) □□□□《こじせいご》。

(31) 熊が［　　］《あらわれる》。

(32) 文法の［　　］《あやまり》。

(33) ボタンを［　　］《とめる》。

(34) 大陸を□□《じゅうだん》する。

(35) 街道《かいどう》の□□《なみき》。

(36) 洋服が［　　］《ちぢむ》。

(37) □□□《いしつぶつ》。

(38) 風紀が［　　］《みだれる》。

(39) □□《しょくむ》を果たす。

(40) □《あな》を掘《ほ》る。

らくらく
マルつけ
Ka-22

OUTPUT 23

1 小学校で習った漢字

# 文章によく出てくる漢字 ⑨

**❶** ——線部の漢字の読みがなを（　）に書きなさい。

(1) 暖かい毛布。（　　）
(2) 確信をもつ。（　　）
(3) 持久力を競《きそ》う。（　　）
(4) 基板を設計する。（　　）
(5) 個人の事情。（　　）
(6) 限りある資源。（　　）
(7) 予算は有限だ。（　　）
(8) 美しい貴婦人。（　　）
(9) 手紙を朗読する。（　　）
(10) 熟語を覚える。（　　）
(11) 過去の栄光。（　　）
(12) 温暖な地域。（　　）
(13) 聖域に立ち入る。（　　）
(14) 誠意を見せる。（　　）
(15) 杉《すぎ》の若木。（　　）
(16) 最善の方法。（　　）
(17) 久しぶりに会う。（　　）
(18) 川の水源を調査する。（　　）
(19) 至高の一品。（　　）
(20) 専門家にたずねる。（　　）
(21) 明朗な会計。（　　）
(22) 値打ちを見抜《みぬ》く。（　　）
(23) 忠誠心を試《ため》す。（　　）
(24) 判決が確定する。（　　）
(25) 目的地に至る。（　　）
(26) 大会で優勝する。（　　）
(27) 誠実な対応。（　　）
(28) 善意からする行為《こうい》。（　　）
(29) 一見の価値がある。（　　）
(30) 神聖な儀式《ぎしき》。（　　）
(31) 専属のモデル。（　　）
(32) 個別指導の塾《じゅく》。（　　）
(33) 川の源。（　　）
(34) 貴重な記録。（　　）
(35) 若草色のエプロン。（　　）
(36) 城下町が栄える。（　　）

答えと解き方⬇別冊13ページ

ちょこっとインプット
Ki-23

## ❷ □には漢字を、「　」には漢字と送りがなを書きなさい。

(1) 記録的な□□《だんとう》。

(2) □□《うらおもて》のある性格。

(3) □□《きほん》をおさえる。

(4) それぞれの□□《こせい》。

(5) 予算の□□《じょうげん》。

(6) □□□《ききんぞく》。

(7) □□《ちゅうこく》に従う。

(8) 柿《かき》が□《じゅく》す。

(9) □□《ゆうび》な衣装《いしょう》。

(10) 部屋を「　」《あたためる》。

(11) □□《せいち》を巡礼《じゅんれい》する。

(12) □□《ちゅうせい》を誓《ちか》う。

(13) 今時の□□《わかもの》。

(14) □□《ぜんあく》の判断。

(15) □□□《こんげんてき》な疑問。

(16) 敗北は□□《ひっし》だ。

(17) 仕事に□□《せんねん》する。

(18) □□《ろうほう》が入る。

(19) 言い□《ね》で買う。

(20) □□《こしつ》を予約する。

(21) □□《むげん》の可能性。

(22) □□《こうえい》に感じる。

(23) □□《ちゅうぎ》を重んじる。

(24) □□《えいきゅう》に続く。

(25) 力の「　」《かぎり》戦う。

(26) □□□《あにきぶん》。

(27) □□□《へいきんち》を出す。

(28) □□《ゆうい》に立つ。

(29) □□《えんじゅく》した役者。

(30) □□《だんい》飽食《ほうしょく》。

(31) □□□□《せいしんせいい》。

(32) □□《ぜんしょ》する。

(33) □□《しふく》のひととき。

(34) 活力の□□《げんせん》。

(35) □□《ろうろう》と歌い上げる。

(36) □□《わかて》の俳優。

(37) □□□□《せんばいとっきょ》。

(38) □□《ねふだ》を取る。

(39) 「　」《いたれり》尽《つ》くせり。

(40) □《うら》の顔。

らくらくマルつけ
Ka-23

OUTPUT! 24

# まとめのテスト③

答えと解き方➡別冊14ページ

／100点

## ❶ 次の文章を読んで、あとの問いに答えなさい。［30点］

日本では一九①セイキからつい最近まで、満点のほうが七〇点や六〇点よりいいと、学校も②ヨの中も考えていた。その結果、いつしか社会は活力を③ウシナッテしまった。満点至上主義に陥《おちい》ったことで、本当に優《すぐ》れた、ものを考える力、判断し、理解する力を持った人がどんどん④ヘッテしまった。

今では大学に行く人の数は昔の何十倍、ひょっとすると百倍を超《こ》すかもしれない。毎年たくさんの人が大学生になるのはいいけれども、一方で、ただ試験の点数さえ良ければ大学に合格できてしまうという⑤ゲンジョウになってしまっている。みなさん、大学に受かるのが⑥ユウ秀《しゅう》な人間なんだと勘違《かんちが》いしている人もいるかもしれないが、考えを改める必要がある。丸暗記をしたり、わけもわからず全部覚えてしまっていると、たいていの場合は満点になりやすい。それに対し、多少なりとも自分の頭を働かせて理解しようとする頭は、なかなか一〇〇点満点をとることができない。よくても九〇点、だいたいは七〇点から八〇点ぐらいのところである。そういう人たちは、有名な大学や⑦ナンカンの高等学校に入れなかったりする。しかし、その人たちが悪いわけじゃない。今までの社会が、考える頭よりも、機械的な⑧チシキをありがたがってきたからにすぎない。

もちろん、一〇〇点をとっても⑨カマワない。点をとること自体はけっして悪いことではない。しかしながら、一〇〇点をとったからといって得意になったりいばったりなんかするのはトンデモないことだ。逆に、五〇点六〇点だからといって恥《は》じたりする必要もない。本来は五〇点六〇点でも充分《じゅうぶん》いい⑩セイセキなんだから。一〇〇点満点の答案の作成なんてコンピューターに任せておけばいい。

（外山滋比古《とやましげひこ》「知ること、考えること」より）

(1) ——線部①〜⑩を漢字もしくは漢字と送りがなに直し、□には漢字を、［ ］には漢字と送りがなをそれぞれ書きなさい。（3点×10）

① □
② □
③ ［ ］
④ ［ ］
⑤ □
⑥ □
⑦ □
⑧ □
⑨ ［ ］
⑩ □

## ❷ 次のコラムを読んで、あとの問いに答えなさい。〔70点〕

### 今度の週末は①観劇に行こう！

週末の予定にAマヨッたら、思い切りBヒニチジョウを味わえる観劇はいかが？ 観劇を思い切り楽しむコツをまとめました！

【まずは情報収集】
・②公演日時
・劇場へのアクセス
・チケットの③金額
・チケットの入手方法
・④観覧席の環境《かんきょう》

大抵《たいてい》の情報はWebサイトで手に入ります。SNSの口コミやCザッシを活用するのもオススメ。興味がある劇が複数ある⑤際には、Dハイユウや演目を基準にして選ぶとよいでしょう。

【持ち物リスト】

チケットをコンビニや劇場Eマドグチなどで入手したら、ほかの持ち物も準備しましょう。
・チケット
・スマホ
・お金
・身分⑥証明書
・ハンカチ、ティッシュ
・モバイルバッテリー
・双眼鏡《そうがんきょう》（オペラグラス）
・目薬、マスクなど

【いざ、⑦夢の世界へ】

公演の当日は時間に余裕《よゆう》をもって出発します。

公演中の入場・Fタイジョウを控《ひか》えるため、事前にトイレに行っておきましょう。

---

(1) ——線部①〜⑦の読みがなを、それぞれ書きなさい。（4点×7）

①〔　　〕 ②〔　　〕
③〔　　〕 ④〔　　〕
⑤〔　　〕 ⑥〔　　〕
⑦〔　　〕

(2) ——線部A〜Fを漢字もしくは漢字と送りがなに直し、□には漢字を、〔　〕には漢字と送りがなをそれぞれ書きなさい。（3点×6）

A〔　　〕 B□□□□ C□□
D□□ E□□ F□□

(3) ——線部①の「劇」、②の「演」、⑥の「証」、⑦の「夢」の部首名を、それぞれひらがなで答えなさい。（4点×4）

①〔　　〕 ②〔　　〕
⑥〔　　〕 ⑦〔　　〕

(4) ——線部A〜Fから、次の部首がふくまれているものを、それぞれ一つずつ選び記号で答えなさい。（4点×2）

にんべん〔　　〕 つちへん〔　　〕

らくらく マルつけ

Ka-24

OUTPUT! 25

# 中学校で習う音訓 ❶

❶ ——線部の漢字の読みがなを（ ）に書きなさい。

(1) ちょうが羽化する。（ ）
(2) 衣《い》装《しょう》が映える人。（ ）
(3) 桜の園。（ ）
(4) 子音を区別する。（ ）
(5) 正義の名の下。（ ）
(6) 神の化身。（ ）
(7) 人を虚《こ》仮にする。（ ）
(8) グラフの値を求める。（ ）
(9) 夏至のお祭り。（ ）

(10) 果実を集荷する。（ ）
(11) 自我が芽生える。（ ）
(12) 灰燼《じん》に帰す。（ ）
(13) 外道な行い。（ ）
(14) 街道を散策する。（ ）
(15) 本革の靴《くつ》。（ ）
(16) 時間を割く。（ ）
(17) 干物を焼く。（ ）
(18) どんぐり眼。（ ）

(19) 将来を危ぶむ。（ ）
(20) 実話を基にする。（ ）
(21) 貴い身分。（ ）
(22) 器が割れる。（ ）
(23) 技を見せつける。（ ）
(24) 旅客機が飛ぶ。（ ）
(25) 弓術を習う。（ ）
(26) 技術を究める。（ ）
(27) 悲泣の声を上げる。（ ）

(28) 神宮に参拝する。（ ）
(29) 一京円の時価総額。（ ）
(30) 胸毛をそる。（ ）
(31) 強情を張る。（ ）
(32) 在郷の学者。（ ）
(33) 先を競う。（ ）
(34) 義兄に会う。（ ）
(35) 経典を写す。（ ）
(36) 牙《きば》を研ぐ。（ ）

ちょこっとインプット
Ki-25

答えと解き方 ↓ 別冊14ページ

## ❷ □には漢字を、「　」には漢字と送りがなを書きなさい。

(1) 鳥の□《うもう》。
(2) 紅葉で「　」《はえる》山。
(3) 美しい□《はなぞの》。
(4) □《ぼいん》の発音。
(5) 規則の□《もと》。
(6) □《け》粧《しょう》を直す。
(7) □《けびょう》を使う。
(8) 注目に□《あたい》する。
(9) □《げし》が来る。
(10) 野菜を□《しゅっか》する。

(11) □《わ》が家の味。
(12) □《せっかいがん》。
(13) □《せいけいげか》。
(14) 出世□《かいどう》。
(15) □《かわ》の財布《さいふ》を使う。
(16) 紙面を□《さ》く。
(17) □《ひがた》の生き物。
(18) 両の□《まなこ》。
(19) 失点を「　」《あやぶむ》。
(20) 根拠《こんきょ》に□《もと》づく。

(21) 考えを「　」《とうとぶ(たっとぶ)》。
(22) 彼《かれ》は□《うつわ》が大きい。
(23) 包丁を□《と》ぐ。
(24) 刺《し》□《かく》を撃退《げきたい》する。
(25) □《きゅうどうぶ》に入る。
(26) 学問を「　」《きわめる》。
(27) □《ごうきゅう》する。
(28) 神社の□《ぐうじ》。
(29) □《けい》の位の数字。
(30) 服の□《むなもと》を直す。

(31) □《ごういん》に進める。
(32) 無理を「　」《しいる》。
(33) □《すいごう》地帯。
(34) 神社の□《けいだい》。
(35) □《きそ》い合って成長する。
(36) 繁栄《はんえい》を「　」《きわめる》。
(37) □《ふけい》が参観する。
(38) 僧侶《そうりょ》が□《きょう》を読む。
(39) 「　」《かろやか》に舞《ま》う。
(40) □《わざ》を磨《みが》く。

らくらくマルつけ
Ka-25

# OUTPUT! 26 中学校で習う音訓②

答えと解き方⬇別冊15ページ

ちょこっとインプット

Ki-26

**1** ――線部の漢字の読みがなを（　）に書きなさい。

(1) 健やかな生活。（　）
(2) 公の立場。（　）
(3) 挨拶《あいさつ》を交わす。（　）
(4) 幸薄《うす》そうな顔。（　）
(5) 厚生労働省。（　）
(6) 紅の夕日。（　）
(7) 厳かに告げる。（　）
(8) 克《こっ》己心。（　）
(9) 故なき行動。（　）

(10) 黄河を船で渡《わた》る。（　）
(11) 鋼の決意。（　）
(12) 峡《きょう》谷の釣《つ》り橋。（　）
(13) 古今和歌集。（　）
(14) 砂利の上を歩く。（　）
(15) 座り心地《ごこち》が悪い。（　）
(16) 災いを予見する。（　）
(17) 絹織物を裁つ。（　）
(18) 財布を探す。（　）

(19) 氏より育ち。（　）
(20) 姉妹の仲がよい。（　）
(21) 腕《うで》試しをする。（　）
(22) 示唆《さ》に富む物語。（　）
(23) 住所の大字を略す。（　）
(24) 式の次第。（　）
(25) 耳目を集める。（　）
(26) 近似値を求める。（　）
(27) 小児ぜんそく。（　）

(28) 仕事を辞める。（　）
(29) 室町時代。（　）
(30) 人質をとる。（　）
(31) 心から謝る。（　）
(32) 若干のためらい。（　）
(33) 手綱《づな》を握《にぎ》る。（　）
(34) 船の渡《わた》し守。（　）
(35) 三角州。（　）
(36) 趣味《しゅみ》の集い。（　）

## ❷ □には漢字を、「　」には漢字と送りがなを書きなさい。

(1) 「　」《すこやかに》育つ。

(2) 大勢の人が「　」《つどう》。

(3) 冗談《じょうだん》を「　」《かわす》。

(4) 海の□《さち》を味わう。

(5) □□《じゅうこう》な響《ひび》き。

(6) 深《しん》□《く》のドレス。

(7) 実力を「　」《ためす》。

(8) 「　」《おごそかな》葬儀《そうぎ》。

(9) 十年来の□□《ちき》。

(10) □《おのれ》を責める。

(11) 若さ□《ゆえ》のあやまち。

(12) □□《こうさ》が飛来する。

(13) □《はがね》のごとく硬《かた》い。

(14) 渓《けい》□《こく》をさかのぼる。

(15) □□《きんじょう》天皇。

(16) □□《どしゃ》の堆積《たいせき》。

(17) 椅子《いす》に「　」《すわる》。

(18) 「　」《わざわい》を招く。

(19) 布を□《た》つ。

(20) □□《さいふ》をとり出す。

(21) □□《うじがみ》を祭る。

(22) 三人□□《しまい》。

(23) □《くれない》に染まる。

(24) 手順を□□《ずし》する。

(25) 住所の□《あざ》。

(26) すべて君□□《しだい》だ。

(27) □□□《じびか》の医師。

(28) □□《そうじ》な図形。

(29) □□□《しょうにか》に通う。

(30) 部活を「　」《やめる》。

(31) 氷《ひ》□《むろ》をつくる。

(32) 時計を□《しち》入れする。

(33) 不義理を「　」《あやまる》。

(34) □□□《じゃくねんそう》の人口。

(35) 糸を□《た》ぐる。

(36) □□《こもり》をする。

(37) 川の□□《なかす》。

(38) 仏門の□□《しゅぎょう》。

(39) 職に□《つ》く。

(40) □《おおやけ》にする。

らくらくマルつけ

Ka-26

OUTPUT!

# 27 中学校で習う音訓③

❶ ――線部の漢字の読みがなを（　）に書きなさい。

(1) 熟れた柿《かき》。（　　）
(2) 出納係として働く。（　　）
(3) 桜が咲《さ》き初めるころ。（　　）
(4) 女人禁制の山。（　　）
(5) 助っ人を集める。（　　）
(6) 除目は平安時代の儀式《ぎしき》。（　　）
(7) 承りかねる。（　　）
(8) 笑顔を見せる。（　　）
(9) 商いを始める。（　　）

(10) 不安が勝る。（　　）
(11) 包装の傷み。（　　）
(12) 食卓《しょくたく》の話題に上せる。（　　）
(13) まんじゅうを蒸す。（　　）
(14) 申告書を書く。（　　）
(15) 神主になる。（　　）
(16) 仁王像。（　　）
(17) 事業の多角化を図る。（　　）
(18) 気持ちを推し量る。（　　）

(19) 青天井。（　　）
(20) 雑草が生い茂《しげ》る。（　　）
(21) 生醤油《じょうゆ》を使う。（　　）
(22) 声音をまねる。（　　）
(23) 性根は変わらない。（　　）
(24) 宵《よい》の明星。（　　）
(25) 行いを省みる。（　　）
(26) 全盛期。（　　）
(27) 無精ひげを生やす。（　　）

(28) 誠にありがとうございます。（　　）
(29) 夕日《じつ》の光。（　　）
(30) 百万石の領地。（　　）
(31) 一切合切。（　　）
(32) 毒舌家。（　　）
(33) 川柳《りゅう》を読む。（　　）
(34) 専ら本ばかり読む。（　　）
(35) 知識の深浅の差。（　　）
(36) 戦に備える。（　　）

ちょこっとインプット Ki-27

答えと解き方➡別冊16ページ

## ❷ □には漢字を、「　」には漢字と送りがなを書きなさい。

(1) 実が「うれる」。
(2) □□□《すいとうちょう》。
(3) 「かきぞめ」。
(4) 老若《ろうにゃく》□□《なんにょ》。
(5) 勝利の□□《めがみ》。
(6) 負け□《いくさ》になる。
(7) 部屋を掃《そう》□《じ》する。
(8) 注文を「うけたまわる」。
(9) 会心の□《え》み。
(10) 食品を「あきなう」。

(11) 楽しさが「まさる」。
(12) 「いたんだ」果物。
(13) 議題に「のぼせる」。
(14) 「むしあつい」日。
(15) 奨学金《しょうがくきん》の□《しん》請《せい》。
(16) □□《かんぬし》の仕事。
(17) □□《におう》立ちする。
(18) 解決を「はかる」。
(19) 委員長に□《お》す。
(20) □□《てんじょう》が高い。

(21) 自分の「おいたち」。
(22) □《き》真面目《まじめ》な性格。
(23) 女優の□□《こわいろ》。
(24) 損な□□《しょうぶん》だ。
(25) 明けの□□《みょうじょう》。
(26) 自己を「かえりみる」。
(27) □□《せいだい》に祝う。
(28) 農業が「さかんだ」。
(29) □《まこと》を尽《つ》くす。
(30) 家業に□□《しょうじん》する。

(31) 手の□□《じょうみゃく》。
(32) □□□□《いっちょういっせき》。
(33) □□《こくだか》を調べる。
(34) □□《こんじゃく》の感。
(35) □□《いっさい》の責任。
(36) さわやかな□□《べんぜつ》。
(37) □□《かせん》の氾濫《はんらん》。
(38) 「もっぱら」遊ぶ。
(39) □□《せんがく》を恥《は》じる。
(40) □《すけ》太刀《だち》。

らくらく
マルつけ
Ka-27

OUTPUT!

# 28 中学校で習う音訓④

**1** ——線部の漢字の読みがなを（　）に書きなさい。

(1) 湖の汚《お》染が進む。（　　）
(2) 素寒貧になる。（　　）
(3) 銭を数える。（　　）
(4) 蔵元を受け継《つ》ぐ。（　　）
(5) 速やかな対応。（　　）
(6) 率直に話す。（　　）
(7) 機《き》嫌《げん》を損ねる。（　　）
(8) 対となる存在。（　　）
(9) 世間体を気にする。（　　）
(10) 備品を貸与《よ》する。（　　）
(11) 伸《の》び代がある。（　　）
(12) 手探りで進む。（　　）
(13) 喫《きっ》茶店に入る。（　　）
(14) 実力が伯《はく》仲する。（　　）
(15) 大作を著した作家。（　　）
(16) 著しい経済成長。（　　）
(17) 丁寧《ねい》な文面。（　　）
(18) 衣服を調える。（　　）
(19) 弟子をしかる。（　　）
(20) 手提げぶくろ。（　　）
(21) 上司に忖《そん》度する。（　　）
(22) 度々の不祥事《ふしょうじ》。（　　）
(23) 浪士《ろうし》の討ち入り。（　　）
(24) 尾《お》頭つきの鯛《たい》。（　　）
(25) でき得る限り努める。（　　）
(26) 仲のよい乳兄弟。（　　）
(27) 資格を認定する。（　　）
(28) 納豆をまぜる。（　　）
(29) いいつけに背く。（　　）
(30) 麦芽糖を使う。（　　）
(31) 団体の発起人。（　　）
(32) 高価な反物。（　　）
(33) 費やした時間。（　　）
(34) 鼻孔《こう》が膨《ふく》らむ。（　　）
(35) 病み上がりの体。（　　）
(36) 創意工夫。（　　）

ちょこっとインプット Ki-28
答えと解き方➡別冊16ページ

## ❷ □には漢字を、〔　〕には漢字と送りがなを書きなさい。

(1) □□□《でんせんびょう》の流行。

(2) □□《すあし》を洗う。

(3) □□《こぜに》入れ。

(4) □□《ふうふ》水入らず。

(5) 〔　〕《すみやかな》修正。

(6) □□《そっせん》する。

(7) 健康を〔　〕《そこなう》。

(8) □□《いっつい》の手ぶくろ。

(9) 文章の□□《ていさい》。

(10) □□《たいしゃく》の契約《けいやく》。

---

(11) 貴重な□□《しろもの》。

(12) 解決法を〔　〕《さぐる》。

(13) 退路が〔　〕《たたれる》。

(14) 尊敬に□《あたい》する。

(15) □□《さどう》をたしなむ。

(16) 不動産の□《ちゅう》介《かい》。

(17) 名作を〔　〕《あらわす》。

(18) 気温差が〔　〕《いちじるしい》。

(19) □□《ていちょう》にもてなす。

(20) 道具を〔　〕《ととのえる》。

---

(21) □□《でし》入りする。

(22) かばんを〔　〕《さげる》。

(23) 旅行の□□《したく》。

(24) □《たび》重なる不運。

(25) 敵《かたき》を□《う》つ。

(26) 出会い□《がしら》。

(27) □□《わらべうた》を歌う。

(28) 起こり□《う》る事態。

(29) □《ち》飲み子。

(30) 時刻を□□《かくにん》する。

---

(31) □□《なっとく》する。

(32) 目を〔　〕《そむける》。

(33) □□《ばくしゅ》を飲む。

(34) 事件の□《ほっ》端《たん》。

(35) □□《いったん》の着物。

(36) 五年を〔　〕《ついやす》。

(37) □《び》炎《えん》をわずらう。

(38) 気に□《や》む。

(39) □□《ひんぷ》の差。

(40) お□《くら》入り。

らくらくマルつけ

Ka-28

# まとめのテスト④

／100点

答えと解き方⬇別冊17ページ

## ❶ 次の問いに答えなさい。［50点］

(1) 次の――線部の漢字の読みがなを、それぞれ書きなさい。（2点×8）

① 危うく車と衝突《しょうとつ》しそうになった。［　　］

② 私はその事件とは一切関係がない。［　　］

③ 日照り続きで川が干上がっている。［　　］

④ 本番で失敗してしまい痛恨《つうこん》の極みだ。［　　］

⑤ 助っ人《と》として試合に参加する。［　　］

⑥ 明日の試験に若干の不安がある。［　　］

⑦ 部屋が蒸し暑くなってきた。［　　］

⑧ 人気俳優の素顔を取材する。［　　］

(2) 次の□に漢字をそれぞれ書きなさい。（2点×8）

① □□《じょうみゃく》に注射する。

② □《はがね》の意志。

③ □□《におう》立ちする。

④ お□《くら》入りになる。

⑤ □□《でし》をとる。

⑥ □《むな》騒《さわ》ぎがする。

⑦ □□《うもう》の布団《ふとん》。

⑧ 病気に□□《かんせん》する。

(3) 次の――線部の読みが異なるものを記号で答えなさい。（3点×6）

① ア 馬が荷車を引く。　イ 周囲の期待が重荷だ。　ウ 新しい商品が入荷する。［　　］

② ア 美しい和音をかなでる。　イ 合格通知は福音だ。　ウ 人々は異口同音に反対した。［　　］

③ ア 建物の構造を図示する。　イ 監督《かんとく》の指示に従う。　ウ 消えかかった火が死を暗示する。［　　］

④ ア どんよりとした灰色の空。　イ 遺灰を持ち帰る。　ウ 木造家屋が灰燼《じん》に帰した。［　　］

⑤ ア 薬で発作を抑《おさ》える。　イ 古代遺跡を発掘《くつ》する。　ウ 新憲法を発布する。［　　］

⑥ ア 明日の降水確率。　イ 仕事の能率を上げる。　ウ 軽率な発言を反省する。［　　］

## ❷ 次の旅館のパンフレットを読んで、あとの問いに答えなさい。〔50点〕

旅館　**ゆめ野屋**

桜の①ソノのそばの小さな旅館。
乳白色の天然温泉に②ハエル
薄《うす》③クレナイの花びら。
桜の咲《さ》きA初めるころ、
旅に出てみませんか。

おもてなしのプロに
B一切合切お任せ。
春の特別プランを
ご用意しました。

名作を④アラワシタ文豪《ぶんごう》たちも愛した旅館。C推しの作家に思いをはせて。

海のD幸をじっくり味わう。尾《お》⑤カシラ付きの鯛《たい》で縁起《えんぎ》よく。

大豆の滋味《じみ》が自慢《じまん》。E精進料理も⑥ウケタマワリます。

やけにおいしい。朝食の⑦ヒモノと⑧ナットウ。

---

(1) ――線部①～⑧を漢字もしくは漢字と送りがなに直し、□には漢字を、〔　〕には漢字と送りがなをそれぞれ書きなさい。(3点×8)

① □　② 〔　〕　③ □
④ 〔　〕　⑤ □　⑥ 〔　〕
⑦ □□　⑧ □□

(2) ――線部A～Eの読みがなを、それぞれ書きなさい。(4点×5)

A〔　〕　B〔　〕
C〔　〕　D〔　〕
E〔　〕

(3) ――線部①～⑧から、次の部首の漢字がふくまれているものをそれぞれ一つずつ選び、番号で答えなさい。(3点×2)

くさかんむり〔　〕
おおがい〔　〕

らくらく
マルつけ
Ka-29

# OUTPUT! 30 日常生活でよく見る漢字 ❶

ちょこっとインプット
Ki-30

答えと解き方⬇別冊17ページ

❶ ――線部の漢字の読みがなを（　）に書きなさい。

(1) 試験を実施する。（　）
(2) 大根を煮る。（　）
(3) 潮干狩りをする。（　）
(4) 眠気《ねむけ》に襲われる。（　）
(5) 体温が上昇する。（　）
(6) 訴訟を起こす。（　）
(7) 足の踏み場がない。（　）
(8) 奨学金をもらう。（　）
(9) タオルで汗《あせ》を拭く。（　）

(10) おしゃれな装飾。（　）
(11) 貴重品を携帯する。（　）
(12) 住居への侵入。（　）
(13) 力強くバットを振る。（　）
(14) 医師の診察を受ける。（　）
(15) 夜十一時に就寝する。（　）
(16) 腎臓に負荷《ふか》がかかる。（　）
(17) 少しの間休憩する。（　）
(18) 窃盗事件が起こる。（　）

(19) 明日の運勢を占う。（　）
(20) 予定を変更する。（　）
(21) 公園の清掃活動。（　）
(22) 痩せ細った体。（　）
(23) 大騒ぎになる。（　）
(24) 耐久性の高い素材。（　）
(25) 快く承諾する。（　）
(26) チームを脱退する。（　）
(27) 後輩を指導する。（　）

(28) 政治に関与する。（　）
(29) 皮膚が赤くなる。（　）
(30) 定価で販売する。（　）
(31) 店の看板娘。（　）
(32) 誰もが夢見る幸せ。（　）
(33) 希望を胸に抱く。（　）
(34) 肌が日焼けする。（　）
(35) 脇腹が痛む。（　）
(36) 腕時計を着ける。（　）

## ❷ □には漢字を、〔　〕には漢字と送りがなを書きなさい。

(1) □□□《しらゆきひめ》。

(2) 天命を〔　〕《さとる》。

(3) 罪を〔　〕《くやむ》。

(4) □□《めじり》のしわ。

(5) 被疑者《ひぎしゃ》の□□《こうりゅう》。

(6) □□□□《たいしぼうりつ》。

(7) □□《ていこう》を感じる。

(8) □□《おうひ》の地位。

(9) 円をドルに〔　〕《かえる》。

(10) 町内を□□《じゅんかい》する。

(11) 雑草を□《か》る。

(12) 気に〔　〕《かける》。

(13) 己《おのれ》を〔　〕《はじる》。

(14) 十分な□□《すいみん》。

(15) 異物を〔　〕《はきだす》。

(16) □□《かんし》カメラ。

(17) 試合の□□《こうしゅ》。

(18) □□《おんけい》を受ける。

(19) □□《せきずい》の損傷。

(20) 天皇との□□《えっけん》。

(21) □□《きょうつい》の骨折。

(22) □□《つまさき》で立つ。

(23) 真相に〔　〕《せまる》。

(24) 引退を〔　〕《におわせる》。

(25) 宝石の□□《まりょく》。

(26) 車を□□《こうにゅう》する。

(27) □□《こんいん》の解消。

(28) 季節の〔　〕《もよおし》。

(29) 辞書の□□《さくいん》。

(30) □□□□《とくさつえいが》。

(31) 社長の□□□《しつむしつ》。

(32) 成績が〔　〕《のびる》。

(33) 米を□《た》く。

(34) 海中に〔　〕《もぐる》。

(35) 迷子を〔　〕《さがす》。

(36) □□《そうしき》の費用。

(37) 記念品を〔　〕《おくる》。

(38) 牛肉の□□□《だいたいひん》。

(39) 切手を□《は》る。

(40) □□《せんたく》機。

らくらく マルつけ

Ka-30

# OUTPUT! 31 日常生活でよく見る漢字 ❷

❶ ——線部の漢字の読みがなを（ ）に書きなさい。

(1) 得点を稼ぐ。（ ）
(2) 毛布を掛ける。（ ）
(3) 歯列の矯正。（ ）
(4) 音沙汰がない。（ ）
(5) 詐欺に注意する。（ ）
(6) 菜種から油を搾る。（ ）
(7) 自宅で晩酌する。（ ）
(8) 趣のある街並。（ ）
(9) 拳を固める。（ ）

(10) 正式な名称。（ ）
(11) 化粧を直す。（ ）
(12) 優勝者を表彰する。（ ）
(13) 衝動買いをする。（ ）
(14) 罪の償いをする。（ ）
(15) 紳士用の衣服。（ ）
(16) 関係者と接触する。（ ）
(17) 旧姓を名乗る。（ ）
(18) 田中家に婿入りする。（ ）

(19) 親戚が集まる。（ ）
(20) 狙いを定める。（ ）
(21) ドラマの挿入歌。（ ）
(22) 生徒に発言を促す。（ ）
(23) 二者択一の問題。（ ）
(24) 駅前の駐輪場。（ ）
(25) 番組の視聴者。（ ）
(26) 横断歩道を渡る。（ ）
(27) フェリーに搭乗する。（ ）

(28) 監督の指示に従う。（ ）
(29) 公園を突っ切る。（ ）
(30) ガスを排出する。（ ）
(31) 大きな拍手を送る。（ ）
(32) 避難訓練を行う。（ ）
(33) 試合で活躍する。（ ）
(34) その場に腰を下ろす。（ ）
(35) 病院で治療を受ける。（ ）
(36) 献身的な看病。（ ）

答えと解き方➡別冊18ページ

ちょこっと インプット
Ki-31

❷ □には漢字を、「　」には漢字と送りがなを書きなさい。

(1) □《かんぞう》のはたらき。
(2) 穴を□《ほ》る。
(3) □《かっしゃ》で運ぶ。
(4) □《ぎょうてん》する。
(5) 星が夜空に「　」《かがやく》。
(6) □《かた》をそびやかす。
(7) 時候の□《あいさつ》。
(8) 犯罪を□《いんとく》する。
(9) □《かんきょうはかい》。
(10) □《ほうかつてき》な議論。

(11) 広範囲《こうはんい》に「　」《およぶ》。
(12) 訴《うった》えを□《ききゃく》する。
(13) テーブルの□《あし》をふく。
(14) 看板を「　」《かかげる》。
(15) 名家に「　」《とつぐ》。
(16) 難民を□《えんじょ》する。
(17) 所得の□《こうじょ》。
(18) 予算を「　」《くりこす》。
(19) 「　」《くわだて》が失敗する。
(20) 「　」《とりあつかい》説明書。

(21) 友人の□《しょうかい》。
(22) □《けんけつ》する。
(23) 神社に「　」《もうでる》。
(24) □《お》しが強い性格。
(25) 料金の□《せいきゅう》。
(26) □《にょうけんさ》。
(27) □《そんがいばいしょう》。
(28) 旅館に「　」《とまる》。
(29) 代金を「　」《しはらう》。
(30) 天ぷらを「　」《あげる》。

(31) 周囲への□《はいりょ》。
(32) 人目を「　」《あざむく》。
(33) □《しゅみ》の園芸。
(34) 話の□《こし》を折る。
(35) 額に「　」《さわる》。
(36) 花を花瓶《かびん》に□《さ》す。
(37) 血行の□《そくしん》。
(38) 海外への□《とこう》。
(39) 危険を「　」《さける》。
(40) □《やくどう》感。

らくらくマルつけ
Ka-31

OUTPUT!

# 32 日常生活でよく見る漢字③

答えと解き方➡別冊18ページ

ちょこっとインプット

Ki-32

**1** ——線部の漢字の読みがなを（　）に書きなさい。

(1) 椅子に腰《こし》掛《か》ける。（　）
(2) 上質な繊維。（　）
(3) 一人枕をぬらす。（　）
(4) 契約書にサインする。（　）
(5) 記事の原稿を書く。（　）
(6) 盆栽をつくる。（　）
(7) 父の書斎に入る。（　）
(8) 国債を発行する。（　）
(9) 食器用の洗剤。（　）
(10) 牧場に柵を設置する。（　）
(11) ワインの醸造所。（　）
(12) 架空の物語。（　）
(13) レモンの果汁。（　）
(14) 石に彫刻を施《ほどこ》す。（　）
(15) 畝に種を撒《ま》く。（　）
(16) 戸籍謄本を取得する。（　）
(17) 扇子を広げる。（　）
(18) 耳栓をする。（　）
(19) 海の幸《さち》が膳に上る。（　）
(20) 水槽で熱帯魚を飼う。（　）
(21) 棚に商品を並べる。（　）
(22) 弾丸を発射する。（　）
(23) 鉄瓶で湯を沸《わ》かす。（　）
(24) 焼酎を飲む。（　）
(25) 全校生徒の名簿。（　）
(26) 外《げ》科《か》の病棟。（　）
(27) パンジーの鉢植え。（　）
(28) トマトの苗を植える。（　）
(29) 新幹線の切符を買う。（　）
(30) 鏡餅を供える。（　）
(31) 大きな壁にぶつかる。（　）
(32) 風呂場を掃除《そうじ》する。（　）
(33) 竹筒に水を入れる。（　）
(34) 二人の心の溝。（　）
(35) 床の間に花を飾《かざ》る。（　）
(36) 駅前に店舗を構える。（　）

## 2 □には漢字を、［　］には漢字と送りがなを書きなさい。

(1) □□□《くしだんご》。

(2) □□□□《けいじじけん》。

(3) □□《いご》を打つ。

(4) 池の□□《おぶね》。

(5) □《かさ》をさす。

(6) □《どんぶり》に米を盛る。

(7) □□《なべりょうり》を楽しむ。

(8) 健康□□《いじ》。

(9) □《ゆか》用の□□《ぞうきん》。

(10) うどんの□《めん》。

(11) □□□《かんこくご》を学ぶ。

(12) □□□□《きんきちほう》。

(13) □□《こうがい》の住宅地。

(14) 木製の□《かん》おけ。

(15) ボールペンの□《しん》。

(16) パンの□□《こうぼ》。

(17) 虹《にじ》が［かかる］。

(18) □□□□《ちゅういじこう》。

(19) 軽《かる》井《い》沢《ざわ》の□□《べっそう》。

(20) □《ふくろ》のねずみ。

(21) □□《しょくたく》を囲む。

(22) ひな□《だん》に登る。

(23) □《す》で味付けする。

(24) 白菜の□□《つけもの》。

(25) □□□《とうがらし》。

(26) 茶色の□□《ふうとう》。

(27) 料理に□《はし》が進む。

(28) □□《かちく》の飼育。

(29) 天井の□□《へきが》。

(30) □□《かんぺき》な作戦。

(31) □□《ほそう》された道路。

(32) 計画の□□《おおわく》。

(33) 飲み物の空き□《かん》。

(34) ライフルの□《たま》。

(35) ［きぼり］の置物。

(36) ピアノの□□《がくふ》。

(37) □《おうぎ》形《がた》に広がる。

(38) □□《せんさい》な性格。

(39) □□□《はいすいこう》。

(40) □《じゅく》に通う。

らくらくマルつけ

Ka-32

# OUTPUT! 33 日常生活でよく見る漢字④

**1** ―線部の漢字の読みがなを（　）に書きなさい。

(1) 嫌悪《お》感《かん》を覚える。（　　）
(2) 末期の症状。（　　）
(3) 言い得て妙だ。（　　）
(4) 部屋に湿気が多い。（　　）
(5) 斜陽になった産業。（　　）
(6) 優秀な人材を集める。（　　）
(7) ごみが悪臭を放つ。（　　）
(8) 苦渋の決断をする。（　　）
(9) 夏が旬の野菜。（　　）

(10) 内緒にしておく。（　　）
(11) 徐々に調子が戻《もど》る。（　　）
(12) 愛憎が入り混じる。（　　）
(13) 詳細に報告する。（　　）
(14) 気丈に振《ふ》る舞《ま》う。（　　）
(15) 浄水器を設置する。（　　）
(16) 社会に激震が走る。（　　）
(17) 彼《かれ》の体力は無尽蔵だ。（　　）
(18) 回答が必須の項目《こうもく》。（　　）

(19) 死《し》刑《けい》の是非を問う。（　　）
(20) メールの一斉送信。（　　）
(21) 古代遺跡の調査。（　　）
(22) 即座に反応する。（　　）
(23) 旅先に滞留する。（　　）
(24) 極端な思想。（　　）
(25) 淡泊な味付け。（　　）
(26) 言行が一致しない。（　　）
(27) 作業が遅延する。（　　）

(28) 特徴的な話し方。（　　）
(29) 動画を途中で止める。（　　）
(30) 水面が凍結する。（　　）
(31) 苦悩を抱《かか》える。（　　）
(32) 警備が手薄になる。（　　）
(33) 保護者が同伴する。（　　）
(34) 大きな不利益を被る。（　　）
(35) 駅に隣接するビル。（　　）
(36) 新計画が浮上する。（　　）

答えと解き方➡別冊19ページ

ちょこっとインプット
Ki-33

## ❷ □には漢字を、「　」には漢字と送りがなを書きなさい。

(1) 「　」《するどい》目つき。

(2) □□《むらさきいろ》の絵の具。

(3) □□□□《ちょうじょうげんしょう》。

(4) 「　」《よごれ》を落とす。

(5) □□《きみょう》な体験。

(6) メダカの□□《ちぎょ》。

(7) □□《てってい》した管理。

(8) 柱が「　」《たおれる》。

(9) □□《とうめい》な液体。

(10) □□《じゅうじつ》した日々。

(11) 子を「　」《あまやかす》。

(12) □□《のうこう》な味わい。

(13) 鮮《あざ》やかな□□《しきさい》。

(14) □□《からみ》の強い大根。

(15) □□□《ばくはつてき》に売れる。

(16) □□《かこく》な仕打ち。

(17) 心身が「　」《つかれる》。

(18) 資料が□□《さんいつ》する。

(19) 陛下の□□《ごぜん》。

(20) 列の□□□《さいこうび》。

(21) □□□《いわかん》。

(22) □□《きっきょう》を占《うらな》う。

(23) □□《けんじつ》な方法。

(24) □□《きんしん》する。

(25) 耳を「　」《かたむける》。

(26) 火事を「　」《おそれる》。

(27) 主張の□□《こんきょ》。

(28) 「　」《かわいた》風。

(29) □□《かんぶ》を冷やす。

(30) さまざまな□□《ぐうぜん》。

(31) 塩が水に「　」《とける》。

(32) □□《せいりょう》な空気。

(33) □□□□《れんあいかんじょう》。

(34) 手の「　」《こんだ》作品。

(35) 人の心を「　」《まどわす》。

(36) 「　」《こごえる》寒さ。

(37) 掃除《そうじ》が□□《かんりょう》する。

(38) 野球に「　」《くわしい》。

(39) 危険が「　」《ともなう》。

(40) 「　」《とどこおる》。

らくらく
マルつけ
Ka-33

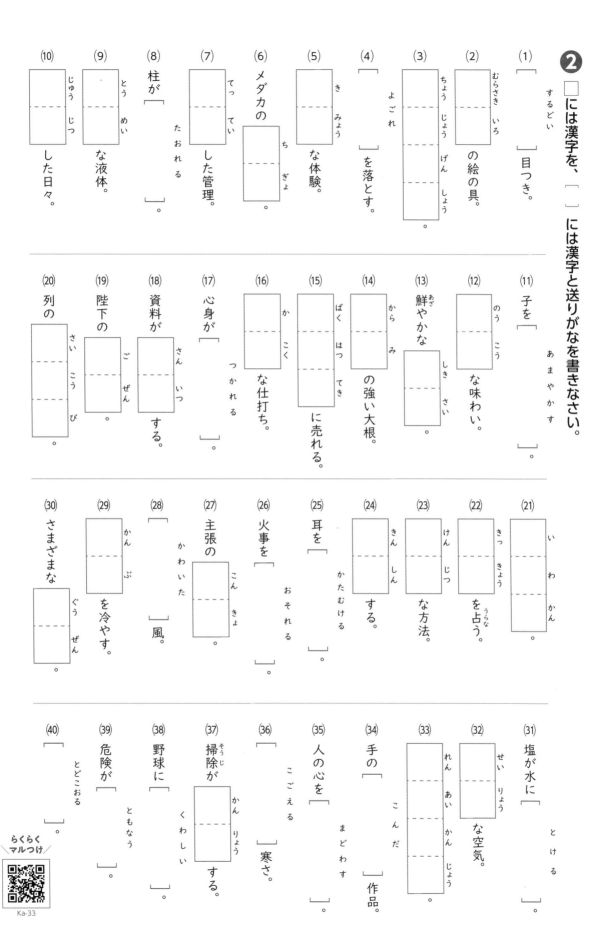

# OUTPUT! 34 まとめのテスト⑤

／100点

答えと解き方➡別冊19ページ

**1 次の文章を読んで、あとの問いに答えなさい。**［44点］

体調を崩《くず》しやすい季節の変わり目は、次の観点で自分の健康状態やライフスタイルを見直すことを①推奨します。

◇②肌・③爪・体型は健康的か

顔色に加えて体も点検しましょう。Aヒフが荒《あ》れたり、手足の爪がでこぼこしたりする異常は不調のシグナル。また、急激に太ったりBヤせたりした場合も要注意。過去に自分をCサツエイした写真があれば、比較《ひかく》するのもよいですね。

肌・爪・体型には栄養状態が現れることが多いので、不調を感じたらDショクタクに④旬の食材や⑤発酵食品をとり入れましょう。

◇Eスイミン時間は足りているか

六～八時間程度眠《ねむ》れていますか。Fテツヤは⑥慎んで、⑦枕との相性《あいしょう》も点検してください。

◇⑧疲労を感じているか

Gカタこりや⑨腰痛などのつらい自覚Hショウジョウに注意。姿勢をIキョウセイして歩くなどの習慣で疲労が改善することもあります。

◇ストレスを感じているか

日々の生活でストレスに感じていることがあれば、愚痴《ぐち》としてJハき出すだけでなく、書き出してリスト化することもおすすめです。Kナヤみをすぐに解決できるものとそうでないものに分類することで、気持ちを整理できます。

自分一人で解決が難しい問題は抱《かか》えこまず、⑩堅実な友達や家族・⑪親戚に相談してみましょう。

（書き下ろし）

(1) ――線部①～⑪の漢字の読みがなを、それぞれ書きなさい。（2点×11）

①［ ］ ②［ ］
③［ ］ ④［ ］
⑤［ ］ ⑥［ ］
⑦［ ］ ⑧［ ］
⑨［ ］ ⑩［ ］
⑪［ ］

(2) ――線部A～Kを漢字に直し、それぞれ書きなさい。（2点×11）

A［ ］ B［ ］ C［ ］ D［ ］
E［ ］ F［ ］ G［ ］ H［ ］
I［ ］ J［ ］ K［ ］

## ❷ 次のレシピを読んで、あとの問いに答えなさい。〔56点〕

春の①趣たっぷり♪行楽弁当のアイディアをご②紹介♪

**【すき焼きの卵とじ】**

1. ③牛脂をひいた鍋《なべ》に牛肉を入れ、軽くいためます。
2. その他のすき焼きの具材を切って入れ、割下でAアマカラく煮《に》ます。
3. Bシルがなくなってきたら溶《と》き卵でとじます。

**【Cカンコク風のりまき】**

1. ごま油で細切りにんじんとニラをいためます。
2. Dタいたご飯に白ゴマ・ごま油・塩を混ぜます。
3. ④市販の細切りたくあんと一緒《いっしょ》に野菜を⑤芯にして、のりまきをつくります。
4. 仕上げに白ごまをEフります。

ゆずの皮を入れると、よい匂《にお》いになります。

春らしい⑥色彩がうれしい！

(1) ――線部①～⑥の読みがなを、それぞれ書きなさい。（3点×6）

① 〔　　〕 ② 〔　　〕

③ 〔　　〕 ④ 〔　　〕

⑤ 〔　　〕 ⑥ 〔　　〕

(2) ＝＝線部A～Eを漢字に直し、それぞれ書きなさい。（4点×5）

A □　B □　C □　D □　E □

(3) 次のメモは、レシピを見た太郎《たろう》さんが作成したものです。メモの□には漢字を、〔　〕には漢字と送りがなを書きなさい。（3点×6）

- 水分を減らす□《はいりょ》が大切。
- 〔　〕《こおらせて》保存できるだろうか？
- □《かん》詰《づ》めの牛肉を使えるだろうか？
- 自分で〔　〕《つけた》たくあんでつくってみる。
- 和風とちがい、□《すめし》は使わない。
- 切るたびに□《ふきん》で包丁を拭《ふ》く。

らくらくマルつけ

Ka-34

OUTPUT! 35

# 論説文によく出てくる漢字①

**①** ――線部の漢字の読みがなを（　）に書きなさい。

(1) 気流が渦を巻く。（　　）
(2) ゴリラの雌。（　　）
(3) 雄々しく戦う。（　　）
(4) 壱万円札。（　　）
(5) 硝酸を生成する。（　　）
(6) サンゴ礁が広がる。（　　）
(7) 土壌が痩《や》せる。（　　）
(8) 津々浦々の特産品。（　　）
(9) 床下《ゆかした》まで浸水する。（　　）
(10) 麦の穂が伸《の》びる。（　　）
(11) 海藻を乾《かわ》かす。（　　）
(12) 稲を栽培《さいばい》する。（　　）
(13) 小さな洞穴で休む。（　　）
(14) ヒトは哺乳類の一種だ。（　　）
(15) 細胞が増殖《ぞうしょく》する。（　　）
(16) 竜巻が発生する。（　　）
(17) 硫酸が鉄を溶《と》かす。（　　）
(18) なだらかな丘陵地。（　　）
(19) 湾曲した海岸線。（　　）
(20) 甲乙丙丁の四段階。（　　）
(21) 複雑な経緯をたどる。（　　）
(22) 双方の主張を聞く。（　　）
(23) 一旦出直す。（　　）
(24) 弐千円の領収書。（　　）
(25) 三割四分五厘の打率。（　　）
(26) 太陽暦を採用する。（　　）
(27) 一斗の日本酒。（　　）
(28) 予算の多寡は重要だ。（　　）
(29) 電池の寿命が尽《つ》きる。（　　）
(30) 弥生時代の遺跡《いせき》。（　　）
(31) 草木が枯死する。（　　）
(32) 窓ガラスが結露する。（　　）
(33) 車が土煙を上げる。（　　）
(34) 一族が栄華を極《きわ》める。（　　）
(35) 家屋の老朽化が進む。（　　）
(36) 断崖絶壁の岩山。（　　）

答えと解き方⬇別冊20ページ

ちょこっとインプット
Ki-35

## ❷ □には漢字を、［　］には漢字と送りがなを書きなさい。

(1) 社長の□《つる》の一声。

(2) ［　　］《はなやか》な衣装《いしょう》。

(3) 大雨による□□《こうずい》。

(4) □□《りゅうとう》蛇尾《だび》の物語。

(5) 深い□□《きょうこく》。

(6) □□《ひゃくじゅう》の王。

(7) 純潔の□□《おとめ》。

(8) 優勝□□《けんない》に入る。

(9) 険しい□□《さんがく》地帯。

(10) □《がけ》から見下ろす。

(11) 紙と□□《えんぴつ》。

(12) 海の□《うら》で遊ぶ。

(13) □《おか》の上の家。

(14) □□《ぶたにく》をいためる。

(15) 捕《ほ》□《げい》を規制する。

(16) □《か》取り線香。

(17) 屋内では□□《きんえん》だ。

(18) 花が［　　］《かれる》。

(19) 木が［　　］《くちる》。

(20) 病原□《きん》。

(21) □□《しゆう》を決する。

(22) 瓜《うり》二《ふた》つの□□《ふたご》。

(23) 卵の□《から》を捨てる。

(24) たき火の□《ほのお》。

(25) 春眠《しゅんみん》□《あかつき》を覚えず。

(26) □□《ようけい》農家。

(27) □□《やまおく》の村。

(28) □□□□《しぜんかんきょう》。

(29) 葉に□《つゆ》を置く。

(30) □□《れいてん》の答案。

(31) □□《いっきん》の食パン。

(32) □□《かじょう》書きにする。

(33) 雪の□□《けっしょう》。

(34) □《はば》広い知識。

(35) 江戸《えど》時代の□《はん》。

(36) 感傷に［　　］《ひたる》。

(37) □《こよみ》の上では冬だ。

(38) 産業の□□□《くうどうか》。

(39) 騒動《そうどう》の□□《かちゅう》。

(40) 手の□《こう》。

らくらく
マルつけ
Ka-35

# OUTPUT! 36 論説文によく出てくる漢字②

❶ ――線部の漢字の読みがなを（　）に書きなさい。

(1) 海外と日本の比較。（　　）
(2) 名誉毀損になる行為《こうい》。（　　）
(3) 模擬試験を実施《じっし》する。（　　）
(4) 大量虐殺。（　　）
(5) 不正を糾弾する。（　　）
(6) 示唆に富んだ物語。（　　）
(7) まちがいを訂正する。（　　）
(8) 日ごろから鍛錬を積む。（　　）
(9) 文章の趣旨をつかむ。（　　）
(10) 政府の諮問機関。（　　）
(11) 釈明の機会を与《あた》える。（　　）
(12) 大気が循環する。（　　）
(13) 法律を遵守する。（　　）
(14) 小説の叙述トリック。（　　）
(15) 交渉が失敗に終わる。（　　）
(16) 衆議院解散の詔書。（　　）
(17) 海外に遠征する。（　　）
(18) 事務を嘱託する。（　　）
(19) 予算案を審議する。（　　）
(20) 用件を尋ねる。（　　）
(21) 選手宣誓を行う。（　　）
(22) 他人に追随する。（　　）
(23) 異分子を排斥する。（　　）
(24) データを分析する。（　　）
(25) 理論を実践する。（　　）
(26) 家屋を修繕する。（　　）
(27) 冒険の旅をする。（　　）
(28) 登山中に遭難する。（　　）
(29) 新天地を開拓する。（　　）
(30) 木々を伐採する。（　　）
(31) 先人を模倣する。（　　）
(32) 調理師免許をとる。（　　）
(33) 少数派を擁護する。（　　）
(34) 狩猟生活を営む。（　　）
(35) 激しい議論の応酬。（　　）
(36) 計画を遂行する。（　　）

答えと解き方⬇別冊20ページ

ちょこっとインプット
Ki-36

## 2 □には漢字を、「　」には漢字と送りがなを書きなさい。

(1) 偉業《いぎょう》を「　」《なしとげる》。

(2) □□《ぼうれい》がさまよう。

(3) お金を「　」《たくわえる》。

(4) 顔に泥《どろ》を□《ぬ》る。

(5) 少年時代を「　」《かえりみる》。

(6) 栄養を□□《せっしゅ》する。

(7) 成分を□□《ちゅうしゅつ》する。

(8) 不幸を「　」《のろう》。

(9) 全面的な□□《こうてい》。

(10) 席を「　」《ゆずる》。

(11) 反対を□□《いっしゅう》する。

(12) □□《たんりょく》を見せる。

(13) 証人の□□《しょうかん》。

(14) 小麦を□□《しゅうかく》する。

(15) □□《けいじ》を祝う。

(16) □□□《きへいたい》を組織する。

(17) 拳《こぶし》を「　」《にぎり》しめる。

(18) 外に□□《ほうちく》する。

(19) 輸入に□□《いそん》する。

(20) 賞金を□□《かくとく》する。

(21) 犯人を□□《こうそく》する。

(22) 参加を「　」《すすめる》。

(23) 空中で□□《せんかい》する。

(24) 得点を□□《だっしゅ》する。

(25) 事情を□□《せんさく》する。

(26) 時代の□□《へんせん》。

(27) 適切な□□《そち》を取る。

(28) □□□《そうしつかん》を覚える。

(29) 要点を「　」《とらえる》。

(30) 若者に未来を「　」《たくす》。

(31) 大臣を□□《ひめん》する。

(32) 死の危険を「　」《おかす》。

(33) □□□《かたなかじ》の修業《しゅぎょう》。

(34) □□《らち》される。

(35) □□《りんり》に反する行為。

(36) 記録を「　」《さかのぼる》。

(37) 永遠の愛を「　」《ちかう》。

(38) 価格を「　」《すえおく》。

(39) 人心の□□《しょうあく》。

(40) □□《はいき》物。

らくらくマルつけ

Ka-36

# OUTPUT! 37 論説文によく出てくる漢字③

## ❶ ――線部の漢字の読みがなを（　）に書きなさい。

(1) 土砂《どしゃ》災害の虞がある。（　　）
(2) 俳諧の道。（　　）
(3) 投稿《とうこう》を削除する。（　　）
(4) 恣意的な選択《せんたく》。（　　）
(5) 国王の嗣子。（　　）
(6) 容赦なく糾弾《きゅうだん》する。（　　）
(7) 戦地で殉職する。（　　）
(8) 軍隊の総帥。（　　）
(9) 陸軍の軍曹。（　　）
(10) 生唾を飲み込《こ》む。（　　）
(11) 夫の子を懐胎する。（　　）
(12) 甲状腺の肥大。（　　）
(13) 中世の王侯貴族。（　　）
(14) 劇団を主宰する。（　　）
(15) 皇族の嫡男。（　　）
(16) 限界に挑む。（　　）
(17) 山頂からの眺望。（　　）
(18) 懲罰を与《あた》える。（　　）
(19) 勅命が下される。（　　）
(20) 朕は国家なり。（　　）
(21) 会見で陳謝する。（　　）
(22) 権威《けんい》の失墜。（　　）
(23) 賞品を贈呈する。（　　）
(24) 帝国の領土。（　　）
(25) 敵地を偵察する。（　　）
(26) 条約を締結する。（　　）
(27) 役員を更迭する。（　　）
(28) 写真を添付する。（　　）
(29) 闘病生活を送る。（　　）
(30) 出家して尼になる。（　　）
(31) 計画が挫折する。（　　）
(32) 菌《きん》を培養する。（　　）
(33) 汗《あせ》を分泌する。（　　）
(34) 死体を解剖する。（　　）
(35) 薄《うす》い膜が張る。（　　）
(36) 捕虜を解放する。（　　）

ちょこっとインプット
Ki-37

答えと解き方⬇別冊21ページ

## ② □には漢字を、「 」には漢字と送りがなを書きなさい。

(1) 犯人を□《たいほ》する。

(2) 耳鼻《じび》□《いんこうか》。

(3) 歴史上の□《ごうけつ》。

(4) □《ゆうかい》事件が起きる。

(5) □《だんがいさいばん》。

(6) わなに「 」《おちいる》。

(7) □《にせもの》を「 」《みぬく》。

(8) □《おろしうりしじょう》。

(9) ベルトを「 」《しめる》。

(10) 人々を□《けいはつ》する。

(11) □《けんやく》に努める。

(12) 不倶《ふぐ》□《たいてん》の敵。

(13) □《ぎしき》を行う。

(14) □《かんれき》を祝う。

(15) 「 」《みつぎ》物をささげる。

(16) 図書を□《けんえつ》する。

(17) □《きょうらくてき》な性格。

(18) 会社の□《こうけいしゃ》。

(19) □《かんかつがい》の案件。

(20) □《かぶき》をみる。

(21) 大きな□《ぎせい》。

(22) 部隊が□《てっしゅう》する。

(23) 損失を□《ほてん》する。

(24) 米軍の□《ちゅうとんち》。

(25) 足首の□《ねんざ》。

(26) 意味を□《はあく》する。

(27) □《ばいしんいん》。

(28) □《はばつ》間の争い。

(29) □《むぼう》な□《ちょうせん》。

(30) 学校の□《きょうゆ》。

(31) □《かんり》を登用する。

(32) 争いに「 」《こりる》。

(33) 欲望を「 」《おさえる》。

(34) しのぎを「 」《けずる》。

(35) 窓の外を「 」《ながめる》。

(36) 強い□《とうそうしん》。

(37) □《だき》すべき悪党。

(38) 皿に手を「 」《そえる》。

(39) 計画が頓《とん》□《ざ》する。

(40) □《わいろ》。

らくらく マルつけ

Ka-37

OUTPUT! 38

# 論説文によく出てくる漢字④

ちょこっとインプット
Ki-38

答えと解き方➡別冊21ページ

**1** ――線部の漢字の読みがなを（　）に書きなさい。

(1) 図鑑を参照する。（　　）
(2) 新事業が軌道に乗る。（　　）
(3) 現代は娯楽が多い。（　　）
(4) 荒地《あれち》を開墾する。（　　）
(5) 警戒を強める。（　　）
(6) 魚が餌に食いつく。（　　）
(7) 天皇の御璽。（　　）
(8) 綱紀が乱れる。（　　）
(9) 漆が塗《ぬ》られた工芸品。（　　）
(10) 儒学の教えを学ぶ。（　　）
(11) 後ろ盾を失う。（　　）
(12) 怒《いか》りの矛先を向ける。（　　）
(13) 敵の陣地を攻《せ》める。（　　）
(14) 禁錮刑に処す。（　　）
(15) 租税に関する法律。（　　）
(16) 鋳型に鉄を流し込《こ》む。（　　）
(17) 宮廷に出入りする。（　　）
(18) 救命艇で脱出《だっしゅつ》する。（　　）
(19) 船舶が航行する。（　　）
(20) 碑文を解読する。（　　）
(21) 貨幣の価値が下がる。（　　）
(22) 外国の本の邦題。（　　）
(23) 網に獲物《えもの》がかかる。（　　）
(24) 童謡を歌う。（　　）
(25) 酪農が盛《さか》んな地域。（　　）
(26) 食糧を備蓄《びちく》する。（　　）
(27) 暖炉の前に横たわる。（　　）
(28) 籠から鳥が逃《に》げる。（　　）
(29) 砂上の楼閣。（　　）
(30) アルミを精錬する。（　　）
(31) 師の薫陶を受ける。（　　）
(32) 羅針盤で方位を知る。（　　）
(33) 岸に堤防を築く。（　　）
(34) 無鉄砲な性格。（　　）
(35) 立派な御殿。（　　）
(36) 盤石の体制を築く。（　　）

## ❷ □には漢字を、「　」には漢字と送りがなを書きなさい。

(1) 豊富な□《ごい》。

(2) □《ばつ》を受ける。

(3) 涙《なみだ》で□《そで》をぬらす。

(4) □《そぞう》をつくる。

(5) □《つな》引きをする。

(6) □《きそてき》な知識。

(7) 目標への□《いちりづか》。

(8) 「　」《いましめ》を破る。

(9) □《ごえつどうしゅう》。

(10) □《じょうかく》が囲む都市。

(11) □《やっかん》の規定。

(12) □《かいしょ》で書く。

(13) 無人の□《せんすいてい》。

(14) 高価な□《とうげいひん》。

(15) □《くんしょう》を授《さず》ける。

(16) 経済の□《きばん》。

(17) □《ざぜん》を組む。

(18) 詩で□《いん》を踏《ふ》む。

(19) □《おうしゅうれんごう》。

(20) 王族の□《ふんぼ》。

(21) □《とのさましょうばい》。

(22) 徳川《とくがわ》家の□《かもん》。

(23) □《くうらん》を埋《う》める。

(24) 骨とう品の□《かんてい》。

(25) □《じょうき》を逸《いっ》する。

(26) □《しっこく》の闇《やみ》。

(27) □《むじゅん》した発言。

(28) 貨幣《かへい》の□《ちゅうぞう》。

(29) □《ほうてい》で争う。

(30) 古代の□《せきひ》。

(31) ロシア□《れんぽう》。

(32) 自室に「　」《こもる》。

(33) □《もうらてき》なリスト。

(34) □《しゃかいふくし》。

(35) □《はくらい》の品物。

(36) □《じんとうしき》。

(37) □《ぎじえ》を使う。

(38) 床《とこ》の間の「　」《かけじく》。

(39) ケルトの□《みんよう》。

(40) □《つつみ》が切れる。

らくらく
マルつけ
Ka-38

# OUTPUT! 39 論説文によく出てくる漢字⑤

❶ ――線部の漢字の読みがなを（　）に書きなさい。

(1) 飢餓状態に陥《おちい》る。（　）
(2) 画面を凝視する。（　）
(3) 種の絶滅《ぜつめつ》を危惧する。（　）
(4) 勢力の均衡が破れる。（　）
(5) 傲慢な態度を改める。（　）
(6) 人がいた痕跡がある。（　）
(7) 社会に閉塞感が漂《ただよ》う。（　）
(8) 暫時の休憩《きゅうけい》をとる。（　）
(9) 真摯に向き合う。（　）
(10) 通信が遮断される。（　）
(11) 殊更に強調する。（　）
(12) 腫瘍を除去する。（　）
(13) 石油の需要が高まる。（　）
(14) 刑務所《けいむしょ》の囚人。（　）
(15) 羞恥心を押《お》し殺す。（　）
(16) 静粛にして待つ。（　）
(17) 大学の准教授になる。（　）
(18) 資源を潤沢に使う。（　）
(19) 想像力の欠如。（　）
(20) 肖像権を保護する。（　）
(21) 伝説の発祥の地。（　）
(22) 供給が過剰になる。（　）
(23) 細菌《さいきん》の繁殖を防ぐ。（　）
(24) 迅速に対応する。（　）
(25) 拙い英語で話す。（　）
(26) 病気で衰弱する。（　）
(27) 組織の中枢をになう。（　）
(28) 利益を殖やす。（　）
(29) 凄惨な事件が起きる。（　）
(30) 堕落した生活を送る。（　）
(31) 海底に堆積した土砂《どしゃ》。（　）
(32) 緻密な細工を施《ほどこ》す。（　）
(33) 強国に隷属する。（　）
(34) 憂鬱な気分になる。（　）
(35) うれしさに顔が綻ぶ。（　）
(36) 緊張《きんちょう》して萎縮する。（　）

答えと解き方⬇別冊21ページ

ちょこっとインプット
Ki-39

## ❷ □には漢字を、「　」には漢字と送りがなを書きなさい。

(1) □《ここう》の人。

(2) □《あいまい》な態度。

(3) □《きょまん》の富をもつ。

(4) □《あねったい》の気候。

(5) 気力が「なえる」。

(6) □《いふ》の念を抱《いだ》く。

(7) 後顧《こうこ》の「うれい」。

(8) □《そしな》を渡《わた》す。

(9) □《そえん》になる。

(10) まぶたが「はれる」。

(11) 空気の□《ぼうちょう》。

(12) □《きんぱく》した状況《じょうきょう》。

(13) □《じきしょうそう》。

(14) 根拠《こんきょ》のない□《もうそう》。

(15) □《いじん》の伝記。

(16) □《かくしん》をつく。

(17) □《きょむかん》を覚える。

(18) 愛に「うえる」。

(19) □《そうご》の協力。

(20) □《ちせつ》な演技。

(21) □《ぜんしんてき》な改革。

(22) 行く手を「はばむ」。

(23) □《じようきょうそう》。

(24) □《しっそうしゃ》の捜索《そうさく》。

(25) □《せぞくてき》な欲求。

(26) □《だとうせい》を欠く。

(27) □《あんたい》な将来。

(28) 論理が□《はたん》する。

(29) □《むちつじょ》な状態。

(30) □《めいりょう》な意識。

(31) 党が□《ぶんれつ》する。

(32) 日光を「さえぎる」。

(33) 「こった」装飾《そうしょく》。

(34) □《すうこう》な理想。

(35) 「はなはだしい」疲労《ひろう》。

(36) 勢力が「おとろえる」。

(37) 手で耳を「ふさぐ」。

(38) 災害の□《つめあと》。

(39) □《とくしゅ》な薬品。

(40) □《ぐ》の骨頂。

らくらくマルつけ

Ka-39

OUTPUT! 40

# 論説文によく出てくる漢字⑥

答えと解き方➡別冊22ページ

ちょこっとインプット
Ki-40

## ❶ ――線部の漢字の読みがなを（　）に書きなさい。

(1) 大気にふくまれる窒素。（　）
(2) 和洋折衷の建築様式。（　）
(3) 予定どおりの進捗。（　）
(4) 意気消沈する。（　）
(5) 人口が逓減する。（　）
(6) 忍耐力を養う。（　）
(7) 物価が高騰する。（　）
(8) 文字を丁寧に書く（　）
(9) 蚊《か》が媒介する伝染病《でんせんびょう》。（　）
(10) 資格を剥奪する。（　）
(11) 漠然とした不安。（　）
(12) 河川《かせん》が氾濫する。（　）
(13) 汎用性が高い。（　）
(14) 世間一般の常識。（　）
(15) 道徳的規範に従う。（　）
(16) 野蛮な行動を改める。（　）
(17) 両者の微妙な違《ちが》い。（　）
(18) 詐欺《さぎ》事件が頻発する。（　）
(19) 大学の附属高校。（　）
(20) 柔軟な発想。（　）
(21) 最高の栄誉に浴する。（　）
(22) 二つの町が合併する。（　）
(23) 遮蔽物に隠《かく》れる。（　）
(24) 普遍的な真理。（　）
(25) 反乱が勃発する。（　）
(26) 跡形《あとかた》もなく消滅する。（　）
(27) 一刻の猶予もない。（　）
(28) 融通がきかない性格。（　）
(29) 肥沃な耕作地。（　）
(30) 女流文学が隆盛する。（　）
(31) 黒い斑点が並ぶ。（　）
(32) 天然痘の流行。（　）
(33) 作業の妨害を受ける。（　）
(34) 曇天が続く。（　）
(35) 素粒子を発見する。（　）
(36) 起伏の激しい地形。（　）

## ❷ □には漢字を、「　」には漢字と送りがなを書きなさい。

(1) 横から口を「　」《はさむ》。
(2) □□《びこう》を広げる。
(3) 気分が「　」《しずむ》。
(4) 寒さを「　」《たえしのぶ》。
(5) □□《じょうきょう》を把握《はあく》する。
(6) □□《いげん》を保つ。
(7) □□《きそん》の店舗《てんぽ》。
(8) 両者の「　」《へだたり》。
(9) 記事が新聞に□《の》る。
(10) 塗装《とそう》が「　」《はがれる》。

(11) □□《めんえき》がつく。
(12) 時間の□□《がいねん》。
(13) □□□《べんぎじょう》の名称《めいしょう》。
(14) □□□《こうきゅうてき》な平和。
(15) □□《けんちょ》な差異。
(16) □□□□《じだいさくご》。
(17) □□《かこん》が残る。
(18) 被災地《ひさいち》の□□《さんじょう》。
(19) 要件に□□《がいとう》する。
(20) □□□《てつがくてき》な問題。

(21) 数段「　」《みおとり》する。
(22) 靴《くつ》ひもが「　」《ゆるむ》。
(23) □□《きびん》に動く。
(24) □□《ふだん》の心がけ。
(25) 表情を「　」《くもらせる》。
(26) 汗《あせ》が「　」《ふきでる》。
(27) 資本主義の□□《へいがい》。
(28) 「　」《かたよった》見方。
(29) 集中の「　」《さまたげ》。
(30) □《また》聞きの情報。

(31) □□□《しょうもうひん》。
(32) □□□□《ゆいいつむに》。
(33) □□《ゆうふく》な暮らし。
(34) 詳細《しょうさい》を「　」《ふせる》。
(35) 「　」《やわらかい》地盤《じばん》。
(36) 違反《いはん》が□□《るいせき》する。
(37) ため息が「　」《もれる》。
(38) 疲《つか》れを「　」《いやす》。
(39) 子会社を□□《へいごう》する。
(40) □《つぶ》ぞろい。

らくらくマルつけ
Ka-40

OUTPUT! 41

# まとめのテスト⑥

／100点

答えと解き方⬇別冊22ページ

## ❶ 次の文章を読んで、あとの問いに答えなさい。［48点］

理想を掲《かか》げることとそれを①実践することには、大きなちがいがある。そして、Aカエリみるに、耳あたりのよい理想をBコトサラに口にする人ほど、理想を実現することに関心が薄《うす》いように思う。もちろん、②常軌を逸《いっ》した努力で実現してしまう③英傑はいるが、まれである。

口先だけの人々は自己の言行にCムジュンを感じず、すっかりくつろいでいるように見える。限りなくうそに近いきれいごとを口にし続けるのは、その場では気持ちがよいことかもしれない。

しかし、そのDユウワクに唆《そそのか》されるのは、目隠《めかく》しをして一歩ずつEガケに近づいていくようなものだ。きれいごとを口にする人びとは、自分の名誉《めいよ》が④毀損したり、詐欺師《さぎし》のように扱《あつか》われたりする危険といつもとなりあわせである。

SNSなどで発信していた日には目もあてられまい。自分が気づかない自分の真の姿を文字・画像・動画などからいつ指摘《してき》されてもおかしくないのである。

彼《かれ》らはいつか⑤懲らしめられるだろう。彼らが信頼《しんらい》をFソウシツするのは自業自得《じごうじとく》である。だが、私は彼らが掲げた理想が陳腐《ちんぷ》になってしまうことが、より罪深いと思うのである。

また、彼らのきれいごとを安易に⑥肯定し、増長させた人々も己《おのれ》を反省すべきであろう。

ことばをはじめとする情報を発信しやすい社会だからこそ、今一度私たちはその重みを考え直すべきだと思う。

（書き下ろし）

(1) ――線部①～⑥の漢字の読みがなを、それぞれ書きなさい。（4点×6）

①［　　］　②［　　］

③［　　］　④［　　］

⑤［　　］　⑥［　　］

(2) ――線部A～Fを漢字に直し、それぞれ書きなさい。（4点×6）

A［　　］　B［　　］　C［　　］　D［　　］

E［　　］　F［　　］

## ❷ 次の文章を読んで、あとの問いに答えなさい。［52点］

人間は栄養を①摂取するために、Aイネなどの作物をBサイバイし、Cシュウカクします。また、②酪農によって乳製品を手に入れたり、Dニワトリ・③豚・牛などを育てて食肉を手に入れたりするかもしれません。

このような農業や牧畜《ぼくちく》は土地を大きく改変し、その地力にEイソンして行うものです。つまり、人間が食べ物を安定的に手に入れるための活動には、自然からの④収奪という一面がどうしてもあります。

現代の日本人の多くは、当然の権利として食べ物を得ていますが、それはいわば⑤恣意的な捉《とら》え方であり、自然からの恵《めぐ》みを直接受け取っている人びとは必ずしもそうではありません。たとえば、北海道や東北地方の⑥山岳地帯には、昔からのやり方でFケモノを狩《か》る人々がいます。彼らが山の神に供物《くもつ》をするⓐ呪術的な風習の中には、自然のGギセイへの感謝がこもっているのです。

また、人間が食べられると判断しているものは、栄養や安全性だけでなく、文化や歴史、社会状況《じょうきょう》の影響《えいきょう》も大きく受けています。たとえば、かつて日本では⑦鯨を食べることが珍《めずら》しくありませんでした。鯨は世界的に見ても、重要な資源であり、大ⓑ砲などを駆使《くし》して盛《さか》んに漁が行われていたのです。しかし、人間の乱獲《らんかく》によりその生存数が激減したため、今では世界的に捕獲量《ほかくりょう》が制限され、比較的《ひかくてき》珍しい食材になりました。

以上のように、「何を食べるか」という選択《せんたく》には、無意識のうちのHリンリ的な判断や価値観が深く根を下ろしているのです。（書き下ろし）

---

(1) ――線部①～⑦の漢字の読みがなを、それぞれ書きなさい。（4点×7）

①［　　］ ②［　　］
③［　　］ ④［　　］
⑤［　　］ ⑥［　　］
⑦［　　］

(2) ＝＝線部A～Hを漢字に直し、それぞれ書きなさい。（2点×8）

A［　　］ B［　　］ C［　　］ D［　　］
E［　　］ F［　　］ G［　　］ H［　　］

(3) 〰〰線部ⓐ・ⓑと同じ部首をもつ漢字を、次の――線部の中からそれぞれ一つずつ選び、記号で答えなさい。（4点×2）

ア 花がカれる。
イ シュウワイの容疑。
ウ 証人をカンモンする。
エ 功績をたたえるセキヒを建てる。

ⓐ［　　］ ⓑ［　　］

らくらくマルつけ
Ka-41

OUTPUT! 42

# 小説文によく出てくる漢字❶

❶ ――線部の漢字の読みがなを（　）に書きなさい。

(1) 湖の入江。（　）
(2) 昆虫を研究する。（　）
(3) 春になると桜が咲く。（　）
(4) 芝を刈《か》る。（　）
(5) 川の浅瀬を歩く。（　）
(6) 十年の星霜を経る。（　）
(7) 金属の光沢。（　）
(8) 内乱が泥沼化する。（　）
(9) 窓に水滴が付く。（　）
(10) みずみずしい白桃。（　）
(11) 空に虹が架《か》かる。（　）
(12) 湖畔を散歩する。（　）
(13) 猫の手も借りたい。（　）
(14) 浜辺で貝を採る。（　）
(15) 努力が水泡に帰す。（　）
(16) 最高峰の大会。（　）
(17) 養蜂を営む。（　）
(18) 岬に灯台を建てる。（　）
(19) 蜜月関係を維持《いじ》する。（　）
(20) 濃霧が立ち込《こ》める。（　）
(21) 草木が繁茂する。（　）
(22) 飛行機の両翼。（　）
(23) 川柳を詠《よ》む。（　）
(24) 長い休暇をとる。（　）
(25) 市の歳入が増加する。（　）
(26) プロに匹敵する技量。（　）
(27) 二千坪の豪邸《ごうてい》。（　）
(28) 故郷を離れる。（　）
(29) 升で米の量を量る。（　）
(30) 宵闇が降りる。（　）
(31) 一瞬にして理解する。（　）
(32) 象牙を用いた工芸品。（　）
(33) 藤の花をめでる。（　）
(34) 蛇の道は蛇。（　）（　）
(35) じゃがいもの地下茎。（　）
(36) ヒマラヤの山麓。（　）

答えと解き方⬇別冊23ページ

ちょこっとインプット
Ki-42

## ❷ □には漢字を、［　］には漢字と送りがなを書きなさい。

(1) 畑で□《いも》を掘《ほ》る。

(2) □《とら》の威《い》を借るきつね。

(3) □《あらし》の前の静けさ。

(4) □□《けいせつ》の功。

(5) 鋭《するど》い□《きば》をむく。

(6) □□《どうくつ》を探検する。

(7) 兄弟の□□《かっとう》。

(8) 物語の□□《こうがい》。

(9) □《とうげ》をこえる。

(10) □《たき》に打たれる。

(11) □《やなぎ》の木を植える。

(12) 暖炉《だんろ》に□《まき》をくべる。

(13) □《さる》まねをする。

(14) □《きく》の花を供える。

(15) □《かき》の実をかじる。

(16) □□《けいりゅう》で魚を釣《つ》る。

(17) □《くわ》の葉をつむ。

(18) 花の□《くき》を棒で支える。

(19) □《すぎ》の木を植える。

(20) 蚕が□《まゆ》をつくる。

(21) □□《らいめい》を伴《ともな》う雨。

(22) 山の□《ふもと》に住む。

(23) よい［　］《ころあい》。

(24) □□□《そうそふ》の墓。

(25) □□《ろうれい》の夫婦《ふうふ》。

(26) 駅までの□□《きょり》。

(27) 部屋の□□《いちぐう》。

(28) □□《いくえ》にも重なる。

(29) □《けた》違《ちが》いの大きさ。

(30) □《しも》が降りる寒さ。

(31) □《ぬま》に足をとられる。

(32) 水の□《あわ》となる。

(33) □《しずく》が落ちる。

(34) 川が□□《だこう》する。

(35) 富士山の□《みね》。

(36) □《きり》が晴れる。

(37) 雑草が［　］《おいしげる》。

(38) □《つばさ》を大きく広げる。

(39) □《ひま》をもて余す。

(40) □《かめ》の歩み。

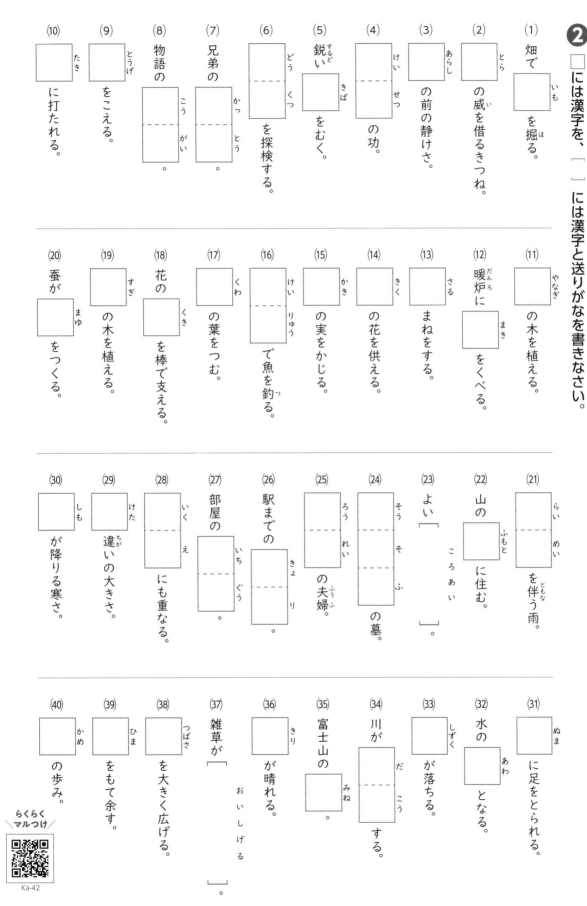

OUTPUT! 43

# 小説文によく出てくる漢字②

❶ ――線部の漢字の読みがなを（　）に書きなさい。

(1) 子守唄を歌う。（　）
(2) バイオリンの鬼才。（　）
(3) 師に教えを乞う。（　）
(4) 拷問を禁止する。（　）
(5) ガラスを破砕する。（　）
(6) 武士が人を斬る。（　）
(7) 刺激的な体験。（　）
(8) 江戸《えど》時代の侍。（　）
(9) 上司の叱責を受ける。（　）

(10) プラトンに私淑する。（　）
(11) 仙人のような生き様。（　）
(12) 海賊に襲《おそ》われる。（　）
(13) 跳躍するカンガルー。（　）
(14) 嘲笑を浴びる。（　）
(15) 誤字を指摘する。（　）
(16) 奴隷を解放する。（　）
(17) 海外へ逃亡する。（　）
(18) 監督《かんとく》を胴上げする。（　）

(19) 腰《こし》の曲がった老婆。（　）
(20) 罵倒に心を痛める。（　）
(21) 伝統に束縛される。（　）
(22) 機材を搬入する。（　）
(23) 眉間にしわが寄る。（　）
(24) 肘を強打する。（　）
(25) 国賓として迎《むか》える。（　）
(26) 寝坊に気をつける。（　）
(27) 都内某所にある工場。（　）

(28) 紡績工場で働く。（　）
(29) 貴族の従僕。（　）
(30) 摩擦が生じる。（　）
(31) 日本舞踊を習う。（　）
(32) 仲間を信頼する。（　）
(33) 警察に連絡する。（　）
(34) 人を顎で使う。（　）
(35) 驚異的な速さで動く。（　）
(36) 世間に衝撃を与《あた》える。（　）

ちょこっとインプット
Ki-43

答えと解き方➡別冊23ページ

## ❷ □には漢字を、「　」には漢字と送りがなを書きなさい。

(1) □《おれ》は泣き虫だった。
(2) □《ひざ》を「　」《すり》むく。
(3) □□《きおく》を失う。
(4) □□《にんしん》がわかる。
(5) 「　」《よづり》に行く。
(6) 岩を「　」《くだく》。
(7) 急な展開に「　」《おどろく》。
(8) □□《ざんしん》な発想。
(9) 口に茶を「　」《ふくむ》。
(10) □□□《すいせんじょう》をもらう。

(11) 陸軍の□□《たいい》。
(12) 虫に「　」《さされる》。
(13) 澄《す》んだ□《ひとみ》。
(14) □□《しゃくい》を「　」《たまわる》。
(15) □□《そうりょ》が読経《どきょう》する。
(16) 深窓の□□《れいじょう》。
(17) 友人を「　」《たよる》。
(18) 政府に「　」《やとわれる》。
(19) 娘《むすめ》を「　」《しかる》。
(20) 大福が「　」《つぶれる》。

(21) 「　」《おどし》に屈《くっ》する。
(22) □□《あてな》を書く。
(23) 人に尽《つ》くす□□《こうい》。
(24) 「　」《よこなぐり》の風。
(25) ウサギが「　」《はねる》。
(26) 他人を「　」《あざける》。
(27) 犬が□□《いかく》する。
(28) 話を「　」《かぎ》つける。
(29) 庭で花を□《つ》む。
(30) 鉄砲《てっぽう》を□《う》つ。

(31) 「　」《なぐさめ》のことば。
(32) 全力で「　」《にげる》。
(33) 客を「　」《むかえる》。
(34) □《かつ》を入れる。
(35) □《かん》がにぶる。
(36) 服従を「　」《こばむ》。
(37) □□《おんねん》を鎮《しず》める。
(38) 大声で「　」《ののしる》。
(39) ひもで「　」《しばる》。
(40) □《あせ》をかく。

らくらくマルつけ
Ka-43

OUTPUT! 44

# 小説文によく出てくる漢字③

答えと解き方➡別冊23ページ

ちょこっとインプット Ki-44

## ❶ ——線部の漢字の読みがなを（　）に書きなさい。

(1) 地獄のような光景。（　）
(2) ひょうたんから駒が出る。（　）
(3) 橋を封鎖する。（　）
(4) 桟橋から船に乗る。（　）
(5) 珠玉の恋愛《れんあい》小説。（　）
(6) 出入口を施錠する。（　）
(7) 裾野を広げる。（　）
(8) ノートに付箋を貼《は》る。（　）
(9) 立派な邸宅を構える。（　）

(10) ホラー映画の金字塔。（　）
(11) 出帆の汽笛が鳴る。（　）
(12) 玄関《げんかん》の扉を開ける。（　）
(13) 公務員の俸給。（　）
(14) 一房のぶどう。（　）
(15) 麦わら帽子を被《かぶ》る。（　）
(16) 釣堀で魚を釣る。（　）
(17) 大型の機関銃。（　）
(18) 髪《かみ》を亜麻色に染める。（　）

(19) 感銘を受ける。（　）
(20) 芸術と無縁の人生。（　）
(21) 窯でパンを焼く。（　）
(22) わらでできた草履。（　）
(23) 寮で生活する。（　）
(24) 打者が出塁する。（　）
(25) 風鈴が風になびく。（　）
(26) 長い回廊が続く。（　）
(27) 八畳ほどの和室。（　）

(28) 人間の頭蓋骨。（　）
(29) 将来を真剣に考える。（　）
(30) 一軒の店もない。（　）
(31) 栄冠を勝ち取る。（　）
(32) 右肩《みぎかた》を脱臼する。（　）
(33) 心の琴線に触《ふ》れる話。（　）
(34) 水墨画を鑑賞《かんしょう》する。（　）
(35) 社会に警鐘を鳴らす。（　）
(36) ピアノの鍵盤。（　）

## ❷ □に漢字を書きなさい。

(1) □《かし》を食べる。
(2) 鋭利《えいり》な□《はもの》。
(3) 海軍の□《かんたい》。
(4) 猛獣《もうじゅう》を□《くさり》につなぐ。
(5) 友人を□《こぶ》する。
(6) □《しょうぎ》をさす。
(7) ヨットに□《ほ》を張る。
(8) 芸術家の□《こうぼう》。
(9) 臭《くさ》い物に□《ふた》。
(10) 奥歯《おくば》に□《つるぎ》。

(11) □《かま》で草を刈《か》る。
(12) 船の□《うげん》。
(13) □《のき》を連ねる。
(14) □《かんむり》をかぶる。
(15) □《いしうす》で粉をひく。
(16) 屋根の□《かわら》。
(17) □《かきね》を取りはらう。
(18) 鉱山に□《こうどう》を掘《ほ》る。
(19) □《こと》の美しい音色。
(20) □《げんがっき》の演奏。

(21) □《へい》によじ登る。
(22) □《すずむし》が鳴く。
(23) 筆に□《すみ》を付ける。
(24) 現会長の□《あとがま》。
(25) 除夜の□《かね》が鳴る。
(26) □《かんぱい》の音頭《おんど》をとる。
(27) □《がんぐ》で遊ぶ。
(28) 故郷に□《にしき》を飾《かざ》る。
(29) 騒《さわ》がしい□《しゅくえん》。
(30) □《しんじゅ》の養殖《ようしょく》。

(31) 窓に□《かぎ》をかける。
(32) □《あさいと》を紡《つむ》ぐ。
(33) 座右の□《めい》。
(34) 絵を□《がくぶち》に飾る。
(35) □《かわぐつ》を履《は》く。
(36) □《たたみ》に座布団《ざぶとん》を敷《し》く。
(37) 医師の□《しょほうせん》。
(38) □《ねんぽうせい》をとる。
(39) 城の□《そとぼり》。
(40) □《えり》を正す。

らくらくマルつけ
Ka-44

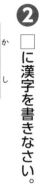

OUTPUT 45

# 小説文によく出てくる漢字④

ちょこっとインプット
Ki-45

答えと解き方➡別冊24ページ

## ❶ ——線部の漢字の読みがなを（　）に書きなさい。

(1) 愉悦を感じる。（　　）
(2) 隙をついて逃《に》げる。（　　）
(3) 破天荒な挑戦《ちょうせん》。（　　）
(4) 質実剛健な人物。（　　）
(5) 豪胆な武将。（　　）
(6) 痛恨の失敗を犯《おか》す。（　　）
(7) 濃紺の制服を着る。（　　）
(8) 全力で疾走する。（　　）
(9) 邪念を振《ふ》り払《はら》う。（　　）

(10) 静寂に包まれる。（　　）
(11) 後ろ姿に哀愁が漂《ただよ》う。（　　）
(12) 醜聞が流れる。（　　）
(13) 俊敏に動く。（　　）
(14) 前回の雪辱を果たす。（　　）
(15) 片言隻語をとらえる。（　　）
(16) 爽快な気分になる。（　　）
(17) 焦燥の色が浮《う》かぶ。（　　）
(18) 記憶《きおく》が混濁する。（　　）

(19) 親友に愚痴をこぼす。（　　）
(20) 鳥の声に耳を澄ます。（　　）
(21) 諦観の境地に達する。（　　）
(22) 感覚が鈍化する。（　　）
(23) 事件の謎を解く。（　　）
(24) 甲子園《こうしえん》を制覇する。（　　）
(25) 会社の繁栄を願う。（　　）
(26) 卑近な例で説明する。（　　）
(27) 政治の腐敗が進む。（　　）

(28) 荷物を開封する。（　　）
(29) 貴重品を紛失する。（　　）
(30) 趣味《しゅみ》に没頭する。（　　）
(31) 闇雲に探し回る。（　　）
(32) 着物を藍色に染める。（　　）
(33) 瑠璃色の空が広がる。（　　）
(34) 僅差で勝利する。（　　）
(35) 憧憬の的になる。（　　）
(36) 計画が幻に終わる。（　　）

## ❷ □には漢字を、〔　〕には漢字と送りがなを書きなさい。

(1) 人の不幸を〔　〕《あわれむ》。

(2) 磨《みが》いて□《つや》を出す。

(3) 論文の□□《しょうろく》。

(4) 人の才能を〔　〕《うらやむ》。

(5) □□□《おくびょうかぜ》を吹《ふ》かす。

(6) 〔　〕《わずか》な小銭《こぜに》。

(7) □□□《ごしゅいん》を集める。

(8) □□《どごう》が飛び交《か》う。

(9) □□《いんこう》を罰《ばっ》する。

(10) □□《がごう》を用いる。

(11) □□《かさく》に選ばれる。

(12) 権力に□《くっ》する。

(13) 都会に〔　〕《あこがれる》。

(14) □□《いかん》の意。

(15) □□《かんせい》な住宅街。

(16) □□□《あくえいきょう》を及《およ》ぼす。

(17) □□《かんだい》な心。

(18) 部屋が〔　〕《せまい》。

(19) □□《いんき》な様子。

(20) □□《がんこ》な性格。

(21) □□□《けいがいか》する。

(22) 金融《きんゆう》□□《きょうこう》が起こる。

(23) 説明に□《きゅう》する。

(24) □□《かっしょく》の肌《はだ》。

(25) □□《きょうじゅん》の意を示す。

(26) 身体が□□《こうちょく》する。

(27) □□□《げんそうてき》な光景。

(28) □□《ゆうかん》に戦う。

(29) 資源が〔　〕《とぼしい》。

(30) □□《ぎふん》に駆《か》られる。

(31) 危機感が〔　〕《つのる》。

(32) □□《やっかい》な揉《も》めごと。

(33) □□《ゆかい》な音楽。

(34) □□《ようせい》の物語。

(35) 〔　〕《さげすむ》ような視線。

(36) 絵に興味が□《わ》く。

(37) □□《びれい》な映像。

(38) □□《ほうろう》の旅に出る。

(39) 対戦相手を〔　〕《あなどる》。

(40) □□《おんけん》派。

らくらく
マルつけ
Ka-45

# OUTPUT 46 まとめのテスト⑦

／100点

答えと解き方➡別冊24ページ

❶ 次の文章を読んで、あとの問いに答えなさい。［48点］

①僕の祖母はお②嬢さま育ちなせいか、風流なところのある人だった。四季折々の景色に感じ入ることは甚《はなは》だしい。春のAフジの花、夏のBホタル、秋のCキクの花、冬のDシモ。そういうもろもろについて、和歌を思い出して口ずさんだりする。

もちろん仕草も優雅《ゆうが》である。家でもきちんと着物を着ており、Eスソをからげたりなどほとんどしない。僕のいたずらをたしなめるときさえ、Fマユをひそめて優《やさ》しく言い聞かせるだけなので、僕は全く反省しなかった。

僕はそんな祖母の気質はまったく受け継《つ》いでいなかったが、祖母と縁側《えんがわ》に座《すわ》り、祖母が口ずさむ和歌を聞き流しながら、振《ふ》る舞《ま》われた③芋やら④柿やらGカシやらを食べるのは好きな子どもではあった。

そんな祖母に一度だけ、声を荒《あら》げて⑤叱られたことがある。それは、僕が祖母の飼っている⑥猫のひげを引っ張っていじめたときだった。

小学校の試験の点が悪くて友達に⑦嘲笑され、むしゃくしゃしていた僕は、まとわりつく小さな生き物をわずらわしく感じ、八つ当たりしてしまったのだ。

祖母は細腕《ほそうで》で僕の両肩《りょうかた》をつかみ、目を⑧見据え、「動物をいじめるな！　罰当《ばちあ》たりが！」と叱ったのである。

僕にはそのことがHナグられるよりもつらく、その後しばらくびくびくしていた。

（書き下ろし）

(1) ＝線部①～⑧の漢字の読みがなを、それぞれ書きなさい。（3点×8）

①［　　］　②［　　］

③［　　］　④［　　］

⑤［　　］　⑥［　　］

⑦［　　］　⑧［　　］

(2) ＝線部A～Hを漢字に直し、それぞれ書きなさい。（3点×8）

A　B　C　D　E　F　G　H

## ❷ 次の文章を読んで、あとの問いに答えなさい。［52点］

大学への進学のために上京することは、臆病《おくびょう》なユリにとっては一大決心であった。さらに、ユリの地元では、女性は進学や就職することよりも、結婚《けっこん》や①妊娠・出産をすることが喜ばれる雰囲気《ふんいき》もまだまだあった。

しかし、地元の田んぼのあぜ道を歩いていたとき、ユリはそれまでの②小心翼々としていた自分が突然《とつぜん》いやになったのである。それは③雷鳴のような感情であった。一念発起《ほっき》したユリは猛勉強《もうべんきょう》し、指定校Aスイセンを勝ち取り、都内の大学に合格した。地元から遠いⓐ距離《きょり》のある地で、Bオニが出るかCジャが出るか、おっかなびっくり、Dガクセイリョウで暮らし始めた。

初めのころは、Eロクジョウ一間の個室が、ユリの力と自由の象徴《しょうちょう》であった。ユリが生まれて初めて意識して勝ち取ったものに思えた。

しかし、アルバイトを探し、ケーキ屋の店員として④雇われ、忙《いそが》しくなるにつれ、ユリのそのふくらんだ気持ちはだんだんしぼんできた。バイトが終わって制服の⑤帽子を脱《ぬ》ぐとき、圧迫《あっぱく》されていたこめかみがほのかに痛む。

その痛みのように、ユリの心は少しずつじわじわと削《けず》られている気がしていた。何かⓑ慰めが欲《ほ》しかった。

ある夜、雑然としている部屋の中で、ベッドに寝《ね》っ転がるユリのFヒトミに、ある箱が映った。

その箱には、⑥革靴が入っている。

ユリが大学の入学式のために母親に買ってもらったが、足に合わずにほとんどGハかずじまいになったものだ。

ユリは、箱をゆっくりと開け、久しぶりに革靴と対面した。ほとんど新品のそれは、Hスミを塗《ぬ》る必要もないくらい黒々として美しかった。⑦憧れの形だった。

（書き下ろし）

(1) ——線部①～⑦の漢字の読みがなを、それぞれ書きなさい。（4点×7）

①〔　　〕 ②〔　　〕
③〔　　〕 ④〔　　〕
⑤〔　　〕 ⑥〔　　〕
⑦〔　　〕

(2) ＝線部A～Hを漢字に直し、それぞれ書きなさい。（2点×8）

A〔　　〕 B〔　　〕 C〔　　〕 D〔　　〕
E〔　　〕 F〔　　〕 G〔　　〕 H〔　　〕

(3) 〰線部ⓐ・ⓑと同じ部首をもつ漢字を、次の——線部の中からそれぞれ一つずつ選び、記号で答えなさい。（4点×2）

ア シノび笑いをもらす。
イ ニホンブヨウの師匠《ししょう》。
ウ 容体がトウゲをこえる。
エ 重いトビラが開く。

ⓐ〔　　〕 ⓑ〔　　〕

# OUTPUT! 47 随筆文《ずいひつぶん》によく出てくる漢字 ❶

❶ ――線部の漢字の読みがなを（　）に書きなさい。

(1) 難病を克服する。（　）
(2) 監督《かんとく》の采配。（　）
(3) 慈愛の心をもつ。（　）
(4) 叔父に当たる人物。（　）
(5) 謙虚な性格。（　）
(6) 遜色がない。（　）
(7) 悲嘆に沈《しず》む。（　）
(8) 弔問客が訪《おとず》れる。（　）
(9) 旅館の亭主。（　）
(10) ペットを溺愛する。（　）
(11) 大金を賭ける。（　）
(12) 春が到来する。（　）
(13) 実力伯仲のライバル。（　）
(14) お守りが頒布される。（　）
(15) 土手に彼岸花が咲《さ》く。（　）
(16) 芸を披露する。（　）
(17) 繊細《せんさい》な心理描写。（　）
(18) 家族を扶養する。（　）
(19) 恩師の訃報が届く。（　）
(20) 関西へ赴任する。（　）
(21) 庭に砂利《じゃり》を敷く。（　）
(22) 税金を賦課する。（　）
(23) 小型船が転覆する。（　）
(24) 悪癖が直る。（　）
(25) 奉仕活動に従事する。（　）
(26) 傷口を縫合する。（　）
(27) 商魂たくましい店主。（　）
(28) 洋書を翻訳する。（　）
(29) 比喩表現を用いる。（　）
(30) 投資を奨励する。（　）
(31) 甘言《かんげん》に翻弄される。（　）
(32) 貪欲に勝利を求める。（　）
(33) 恐怖《きょうふ》で絶叫する。（　）
(34) 首尾一貫した主張。（　）
(35) 事実を誇張する。（　）
(36) 先駆的な研究。（　）

ちょこっとインプット
KI-47

答えと解き方⬇別冊25ページ

## 2 □には漢字を、［　］には漢字と送りがなを書きなさい。

(1) 人形を［　］《もてあそぶ》。

(2) □□《せんちゃ》をいれる。

(3) 北風が□《ふ》く。

(4) 料理を［　］《むさぼる》。

(5) □□《ししょう》の教え。

(6) 作品に□《たましい》を込《こ》める。

(7) □《くちびる》をわななかせる。

(8) 八十歳《はちじゅっさい》の□□《ろうおう》。

(9) □□《しっと》に苦しむ。

(10) □□《しし》を伸《の》ばす。

(11) 敗北を□《きっ》する。

(12) 和歌を□□《ろうえい》する。

(13) □《また》を開いて座《すわ》る。

(14) 息が［　］《つまる》。

(15) 詩を□《ぎん》ずる。

(16) 南北に［　］《つらぬく》道路。

(17) 声の限り［　］《さけぶ》。

(18) 才能を［　］《ほこる》。

(19) 階段を［　］《かけ》下りる。

(20) □《みな》の同意を得る。

(21) 波乱の□□《しょうがい》。

(22) 人員を□□《はけん》する。

(23) □《なみだ》が□《ほお》を伝う。

(24) タオルを［　］《しぼる》。

(25) □□《じぎ》に等しい行い。

(26) ［　］《いのり》をささげる。

(27) 感染症《かんせんしょう》を□□《ぼくめつ》する。

(28) 毎朝歯を［　］《みがく》。

(29) □□《かくりょう》を任命する。

(30) 本を棚《たな》に［　］《もどす》。

(31) □□《しんろう》と新婦。

(32) 不運を［　］《なげく》。

(33) 恋《こい》に［　］《おぼれる》。

(34) 理想を思い［　］《えがく》。

(35) 現地に［　］《おもむく》。

(36) 両手で目を［　］《おおう》。

(37) 生徒を［　］《ほめる》。

(38) 破れた服を□《ぬ》う。

(39) 友人を［　］《はげます》。

(40) □《かみ》をとかす。

らくらくマルつけ

Ka-47

OUTPUT 48

# 随筆文《ずいひつぶん》によく出てくる漢字 ❷

**❶** ――線部の漢字の読みがなを（　）に書きなさい。

(1) 氷の塊を砕《くだ》く。（　　）
(2) 差別に憤慨する。（　　）
(3) 聞くに堪えない演奏。（　　）
(4) さまざまな反響をよぶ。（　　）
(5) 浜辺《はまべ》に潮風が薫る。（　　）
(6) 才色兼備の女性。（　　）
(7) 詐欺《さぎ》の巧妙な手口。（　　）
(8) 隣人《りんじん》と懇意にする。（　　）
(9) 社長にお伺いを立てる。（　　）

(10) 若くして急逝する。（　　）
(11) 惰性で暮らす。（　　）
(12) 作業の無駄を省く。（　　）
(13) 努力を怠らない。（　　）
(14) 文末の但し書き。（　　）
(15) 丹念に調べる。（　　）
(16) 夫の不貞を責める。（　　）
(17) 犠牲者《ぎせいしゃ》を追悼する。（　　）
(18) 重篤な症状《しょうじょう》に至る。（　　）

(19) 計画が頓挫する。（　　）
(20) 粘性のある液体。（　　）
(21) 太平洋を漂流する。（　　）
(22) 場の雰囲気を乱す。（　　）
(23) 高貴な風貌の老人。（　　）
(24) 和睦の交渉《こうしょう》をする。（　　）
(25) 非凡の才を発揮する。（　　）
(26) 一抹の不安がよぎる。（　　）
(27) 集中力が散漫だ。（　　）

(28) 冥土の土産《みやげ》にする。（　　）
(29) 猛烈な吹雪《ふぶき》に遭《あ》う。（　　）
(30) 悠久の時の流れ。（　　）
(31) 動揺が隠《かく》せない。（　　）
(32) 辛辣な評価に傷付く。（　　）
(33) 全身に戦慄が走る。（　　）
(34) 清廉潔白を証明する。（　　）
(35) 眠《ねむ》りから覚醒する。（　　）
(36) 文明の崩壊を招く。（　　）

答えと解き方⬇別冊25ページ

ちょこっとインプット
Ki-48

## ② □には漢字を、「　」には漢字と送りがなを書きなさい。

(1) 「　」《めずらしい》昆虫《こんちゅう》。

(2) □《ふぐう》を嘆《なげ》く。

(3) 「　」《あざやか》な記憶《きおく》。

(4) □《しょみんてき》な感覚。

(5) □《おうせい》な食欲。

(6) 生《きっ》□《すい》の江戸《えど》っ子。

(7) 酒に□《よ》う。

(8) 母親を「　」《したう》。

(9) 喉《のど》の「　」《かわき》を潤《うるお》す。

(10) □《ゆうれい》を目撃《もくげき》する。

(11) □《じょうだん》をとばす。

(12) □《でこぼこ》の道を歩く。

(13) 「　」《あやしむ》ような目。

(14) 合格に□《かんき》する。

(15) □《げんまい》を炊《た》く。

(16) 「　」《くるおしい》熱情。

(17) 宗教上の□《きんき》。

(18) 「　」《かしこさ》をたたえる。

(19) □《せつなてき》な快楽。

(20) □《かいぎてき》な心境。

(21) 「　」《わずらわしい》手続き。

(22) お湯が□《わ》く。

(23) 由緒《ゆいしょ》正しい□《いえがら》。

(24) バラの□《ほうこう》。

(25) 都市人口の□《ほうわ》。

(26) 口論を□《ぼうかん》する。

(27) □《そぼく》な問い。

(28) 改革に□《ほんそう》する。

(29) 集団に□《まいぼつ》する。

(30) 遊びを□《がまん》する。

(31) □《みりょくてき》な報酬《ほうしゅう》。

(32) □《もうもくてき》な信頼《しんらい》。

(33) 正論に「　」《だまる》。

(34) □《ちゅうよう》の徳。

(35) □《はだかいっかん》。

(36) □《げり》になる。

(37) □《きょうれつ》な打撃。

(38) 体勢が「　」《くずれる》。

(39) 「　」《いそがしく》働く。

(40) □《こ》を描《えが》く。

らくらくマルつけ
Ka-48

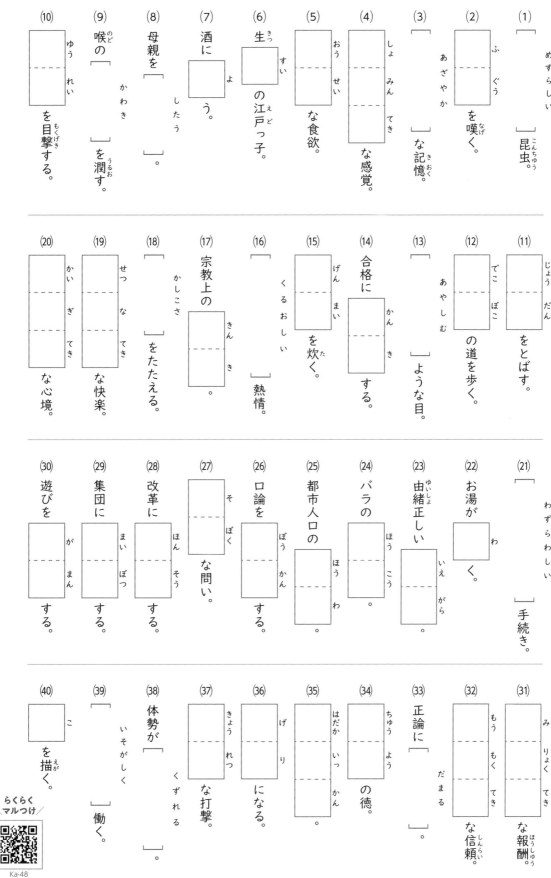

OUTPUT! 49

# まとめのテスト⑧

／100点

答えと解き方➡別冊25ページ

## ❶ 次の文章を読んで、あとの問いに答えなさい。〔52点〕

なくて①七癖というけれど、私の父にもいくつか癖がある。

父は落語が好きで、笑うときAカタホオだけ持ち上がる独特の表情をする。決して②容貌は悪くない男なのだが、その③唇のゆがみが何とも不器用な印象を与《あた》える。

また、表情の不器用さは酒を飲んでも健在で、Bヨっているのか、Cカクセイしているのかわかりにくい。④溺れるほどの酒量は飲まないが、飲みながら普通《ふつう》に話していた内容をそっくり忘れていることはよくある。

そして、Dナマけものには⑤辛辣である。私が学生のころは、週末、朝寝坊《あさねぼう》すると長々としたお小言をくらったものだ。Eカレは自分にも厳しいが、他人にも厳しく、ときにFムジヒにすら思えた。

かような父は、私の知る限り、人生で唯一《ゆいいつ》、寝坊をし、酒を過ごしたことがある。

それは、父の中学時代の友人の⑥訃報によるものだった。その⑦急逝の知らせを聞いた父のGナゲきは度をこえていた。⑧弔問から帰った父は、ひどくヨっぱらっており、翌日昼過ぎに起きて来た。

父は多くを語らなかった。ただぽつりと「落語が好きなやつだった」とだけ、故人について述べた。

私は、笑うことが下手な男に笑い方をどうにか教えたかもしれない人について、しばし思いをはせた。

（書き下ろし）

(1) ――線部①～⑧の漢字の読みがなを、それぞれ書きなさい。（3点×8）

①〔　　〕 ②〔　　〕

③〔　　〕 ④〔　　〕

⑤〔　　〕 ⑥〔　　〕

⑦〔　　〕 ⑧〔　　〕

(2) ――線部A～Gを漢字に直し、それぞれ書きなさい。（4点×7）

A　B　C　D　E　F　G

## ❷ 次の文章を読んで、あとの問いに答えなさい。［48点］

私にはいつかなるときも①冗談を飛ばすことがやめられない姉がおります。

そんな姉に、冗談が言えないのはどんなときかたずねたところ、②強烈なＡゲリに見舞《みま》われているときという返事がありました。

しかし、私はそれがおそらく姉の③謙遜だと知っております。あるとき、幼い姉が出先でおなかを壊《こわ》し、便所の個室にかけ込《こ》みました。心配で個室の前に控《ひか》えていた私に聞こえてきたのは、か細い声の「神（紙）に見放されてるわ」というしょうもないことばだったのです。

そんな姉が思春期になり、ＢガラにもなくＢ、恋《こい》をいたしました。はためにもほほえましいＣソボクな片思いで、妹の私もＤオウエンしておりました。

しかし、④恋慕の思いに堪《た》えられなくなったのでしょう。姉は一世一代の告白をする決意をしたのです。姉はＥダマっていれば美人に見える可能性が五分五分といったところであり、人を⑤魅了する取りえがあるわけでもないので、私は結果を案じておりました。

その姉が⑥歓喜で叫び出しそうな表情をして、すてきな青年と手をつないできた日のことを、私はＦショウガイ忘れはしないでしょう。

私はこの日、人生において大切なことを学びました。それは、「当たって砕《くだ》けろ」「蓼《たで》食う虫も好き好き」など、さまざまな慣用句があてはまる気もします。が、やはり「笑う門《かど》には福来たる」が一番しっくりくるようです。

（書き下ろし）

---

(1) ──線部①～⑥の漢字の読みがなを、それぞれ書きなさい。（3点×6）

① ［　　］　② ［　　］

③ ［　　］　④ ［　　］

⑤ ［　　］　⑥ ［　　］

(2) ══線部Ａ～Ｆを漢字に直し、それぞれ書きなさい。（4点×6）

A　B　C

D　E　F

(3) 〰〰線部と同じ部首をもつ漢字を、次の──線部の中から二つ選び、記号で答えなさい。（3点×2）

ア 気持ちをトロする。　イ 馬がカけぬける。

ウ ギンユウ詩人。　エ 袖《そで》をシボる。

［　　］［　　］

OUTPUT 50

# まちがえやすい漢字

ちょこっとインプット

Ki-50

答えと解き方⬇別冊26ページ

❶ ――線部の漢字の読みがなを（　）に書きなさい。

(1) 古文書を解読する。（　　）
(2) 作業が一段落する。（　　）
(3) 話の内容が重複する。（　　）
(4) 国際連合の発足。（　　）
(5) 昔の名残が見られる。（　　）
(6) うそがつけない性分だ。（　　）
(7) 平生とは異なる食事。（　　）
(8) 得体の知れない人物。（　　）
(9) 汎用性が高い。（　　）

(10) 実験結果を図示する。（　　）
(11) 伝説を口伝する。（　　）
(12) 声高に主張する。（　　）
(13) 超人《ちょうじん》という異名。（　　）
(14) 価格が乱高下する。（　　）
(15) 不正を暴露する。（　　）
(16) 定石どおりの戦術。（　　）
(17) 一足飛びの出世。（　　）
(18) 出納を管理する。（　　）

(19) 角地に家が建つ。（　　）
(20) 首相に就任する。（　　）
(21) 一日の長がある。（　　）
(22) 論理が破綻する。（　　）
(23) 一朝一夕。（　　）
(24) 塩分の含有量。（　　）
(25) 早合点をする。（　　）
(26) 苦汁をなめる。（　　）
(27) 戸外に出て遊ぶ。（　　）

(28) 世間体を気にする。（　　）
(29) 全幅の信頼《しんらい》を置く。（　　）
(30) 天賦の学才。（　　）
(31) 切手を貼付する。（　　）
(32) 柔和な表情。（　　）
(33) 自伝を著す。（　　）
(34) 新参者の団員。（　　）
(35) 任務を完遂する。（　　）
(36) 克己心を養う。（　　）

## ❷ □には漢字を、〔　〕には漢字と送りがなを書きなさい。

(1) □（せいせき）を伸《の》ばす。

(2) 運転免許《めんきょ》の□（こうしゅう）。

(3) □（ぜんごさく）を考える。

(4) 成長が〔いちじるしい〕。

(5) □（ぜったいぜつめい）。

(6) 金銭の□（じゅじゅ）。

(7) 依頼《いらい》を〔うけたまわる〕。

(8) □（きげん）が悪い。

(9) 化学の□（せんもんか）。

(10) 制度を□（さっしん）する。

(11) 過《あやま》ちを〔くやむ〕。

(12) □（いちがい）にいえない。

(13) □（たんちょう）な毎日。

(14) 〔すこやか〕に育つ。

(15) □（いちどう）に会する。

(16) 歯並びの□（きょうせい）。

(17) 眼鏡が〔くもる〕。

(18) 船に□（とうじょう）する。

(19) ドローンの□（ついらく）。

(20) □（ぜんじ）進歩する。

(21) 一本の□（しけんかん）。

(22) アメリカに□（ぼうめい）する。

(23) 異性への□（れんぼ）。

(24) 発言を□（てっかい）する。

(25) 葉に□（ぎたい）する虫。

(26) 鳥が□（むら）がる。

(27) □（ちょうえき）十年の刑《けい》。

(28) 反論を□（いっしゅう）する。

(29) 病院に□（はんそう）する。

(30) 財務省の□（かんりょう）。

(31) 景気の□（ていたい）。

(32) 体力が〔おとろえる〕。

(33) □（こどく）を感じる。

(34) 自らを〔いましめる〕。

(35) 提案を□（きゃっか）する。

(36) □（せいじゃく）に包まれる。

(37) □（げんかく）を見る。

(38) □（すいせん）入学する。

(39) 道が〔せばまる〕。

(40) 雪□（ど）け水。

らくらくマルつけ
Ka-50

OUTPUT! 51

# まとめのテスト⑨

／100点

答えと解き方➡別冊26ページ

## ❶ 次の問いに答えなさい。［64点］

(1) 次の――線部の読みがなとして正しいものをあとから一つずつ選び、記号で答えなさい。（4点×8）

① 長編小説を著す。
ア ちょ　イ あらわ　ウ しる　［　］

② 柔和な笑《え》みを浮《う》かべる。
ア にょうわ　イ じゅうわ　ウ にゅうわ　［　］

③ 境内を散策する。
ア けいだい　イ けいない　ウ きょうない　［　］

④ 自分の権利を声高に主張する。
ア こわだか　イ こえだか　ウ せいだか　［　］

⑤ その秘法は口伝でのみ継承《けいしょう》される。
ア こうでん　イ くでん　ウ くちづたい　［　］

⑥ 彼《かれ》はぼくの唯一の親友だ。
ア ただいち　イ ゆういつ　ウ ゆいいつ　［　］

⑦ 落ち着いた雰囲気の家。
ア ふんいき　イ ふいんき　ウ ふいいき　［　］

⑧ 読書が一段落したらお茶にしよう。
ア ひとだんらく　イ いちだんらく　［　］

(2) 次の――線部の漢字として正しいものをあとから一つ選び、記号で答えなさい。（4点×8）

① 多大なコウセキを残す。
ア 績　イ 積　ウ 責　エ 籍　［　］

② 教授にスイセンジョウを書いてもらう。
ア 選　イ 践　ウ 旋　エ 薦　［　］

③ キャッカされたアイディアを練り直す。
ア 隔　イ 脚　ウ 却　エ 客　［　］

④ 急病人を担架《たんか》でハンソウする。
ア 把　イ 船　ウ 般　エ 搬　［　］

⑤ ルールのテッテイに努める。
ア 徹　イ 撤　ウ 哲　エ 鉄　［　］

⑥ ゲームで敵の飛行機をゲキツイする。
ア 遂　イ 墜　ウ 椎　エ 堆　［　］

⑦ 猫背《ねこぜ》の姿勢をキョウセイする。
ア 矯　イ 郷　ウ 橋　エ 鏡　［　］

⑧ 上司のキゲンを損《そこ》ねてしまった。
ア 器　イ 気　ウ 機　エ 喜　［　］

## ❷ 次の文章を読んで、あとの問いに答えなさい。［36点］

プライバシーとは、他人から秘密の侵害《しんがい》を受けない権利のことです。この権利は、個人の自由と尊厳を保護するために重要です。とくに、個人情報を保護することは、現代社会においてますます重要になっています。

インターネットやスマートフォンの普及《ふきゅう》により、個人情報が簡単に収集され、悪用される可能性が高まりました。個人情報を保護するためには、適切なセキュリティ対策を講じることが必要です。

通常、個人情報を業務で①ジュジュする企業《きぎょう》などは、個人情報保護法などの法律を守るために、②センモンカの指導の下《もと》に仕組みを設計し、個人情報を収集する際には、その目的を明確にし、必要最小限の情報だけを収集するように配慮《はいりょ》しています。しかし、こうした仕組みがあれば安心だとは③イチガイにいえません。

そして、消費者の側の不注意で流出することもあります。

たとえば、公式サイトの入力フォームにギタイしたフィッシングサイトがあります。また、パスワードを一元管理するアプリへのハッキングを通じて個人情報が大量に流出するといった事故がありました。このように一度流出してしまった個人情報には多くの犯罪者が④ムラがり、新たな詐欺《さぎ》の道具として利用されてしまいます。消費者の側でも万一を想定し、個人情報を提供することのリスクを十分に見極《みきわ》める必要があります。

また、個人情報が流出してしまった場合にすばやく⑤ゼンゴサクを打てるように、⑥ゼンジ備えを充実《じゅうじつ》させていくことも有効です。具体的には、使用するメールアドレスやパスワードを複数使い分けたり、パスワードの保管方法を工夫《くふう》したりするなどの手段が考えられます。万一の場合に流出する情報が限定的なものにとどまるように、個人情報を提供する時点で注意しておくのです。

（書き下ろし）

(1) ——線部①～⑥を漢字に直し、それぞれ書きなさい。（5点×6）

① 　② 　③ 　④ 　⑤ 　⑥

(2) 〰〰線部の漢字と同じ部首をもつ漢字を、次の——線部の中から二つ選び、記号で答えなさい。（3点×2）

ア 人の気持ちをジャスイする。　イ 反撃《はんげき》をイッシュウする。

ウ 体制をサッシンする。　エ 飛行機にトウジョウする。

［　　］［　　］

らくらく
マルつけ
Ka-51

# OUTPUT! 52 同音異義語①

**1** 文の意味が通るように、（　）の中から正しい熟語を選び、○で囲みなさい。

(1) 投資の（時期・時機）をうかがう。

(2) （週間・週刊）誌を立ち読みする。

(3) （小数・少数）点以下を省略する。

(4) 子どもの成長が（阻害・疎外）される。

(5) 多くの著名人を（排出・輩出）する名門校。

(6) 契約《けいやく》が成立する（用件・要件）を満たす。

(7) その絵は（改心・会心）の作だ。

(8) 過去の（回想・回送）にふける。

(9) 天候（不純・不順）により農作物が不作だ。

(10) （無常・無情）にも彼《かれ》の訴《うった》えは退けられた。

(11) 交通の（障害・傷害）を取り除く。

(12) 他者の気持ちを（創造・想像）する。

(13) （至上・史上）最高の記録を達成する。

(14) （所要・所用）時間を調べる。

(15) 友人と（絶好・絶交）する。

(16) 教科書を（改定・改訂）する。

(17) 奴隷《どれい》を（開放・解放）する。

(18) カメラが（内蔵・内臓）されているパソコン。

(19) 劇団が（公演・講演）を行う。

(20) （異状・異常）な行動をとる。

(21) （適性・適正）な価格で販《はん》売《ばい》する。

(22) 周囲の（静止・制止）をふりきって飛び出す。

(23) 議案の（採決・裁決）をとる。

(24) 浴室を（協同・共同）で使う。

(25) 消化（機関・器官）のはたらきが弱る。

(26) （得意・特異）な才能が開花する。

(27) （野生・野性）の動物を保護する。

(28) 新体制に（以降・移行）する。

(29) 外国と（通交・通行）条約を結ぶ。

(30) 中学校の教育（過程・課程）を見直す。

(31) （原状・現状）回復の義務。

(32) 人々が広場に（群衆・群集）する。

(33) 補助金を（交付・公布）する。

(34) 火災（保険・保健）に加入する。

(35) 石油を（産出・算出）する国。

(36) 電車が駅構内に（侵入・進入）する。

ちょこっとインプット Ki-52

答えと解き方⬇別冊26ページ

## 2 ――線部のカタカナを漢字に直し、［　］に書きなさい。

(1)
① 試合がシュウリョウする。［　］
② 大学院をシュウリョウする。［　］

(2)
① 算数イガイの科目は得意だ。［　］
② 物語がイガイな結末を迎《むか》える。［　］

(3)
① 政治へのカンシン。［　］
② カンシンな若者。［　］
③ カンシンに堪《た》えない。［　］
④ 人のカンシンを買う。［　］

(4)
① キカイ的な作業。［　］
② キカイ体操。［　］

(5)
① 料金のセイサン。［　］
② 過去のセイサン。［　］

(6)
① 東京都のジンコウ。［　］
② ジンコウ知能。［　］

(7)
① コウセイ労働省。［　］
② コウセイな取引。［　］
③ 犯罪者のコウセイ。［　］

(8)
① 切手のシュウシュウ。［　］
② 事態のシュウシュウ。［　］

(9)
① セイトウな系譜《けいふ》。［　］
② セイトウな理由。［　］

(10)
① ヒッシに努力する。［　］
② 苦戦はヒッシだ。［　］

(11)
① キョウイ的な成長。［　］
② 核兵器のキョウイ［　］

(12)
① カクシン的な考え。［　］
② カクシンに迫《せま》る。［　］

(13)
① 不眠《ふみん》フキュウ。［　］
② フキュウの名作。［　］
③ フキュウの用事。［　］
④ 携帯《けいたい》電話のフキュウ。［　］

(14)
① 卒業後のシンロ。［　］
② 船のシンロを定める。［　］

(15)
① 原文とタイショウする。［　］
② 観察のタイショウ。［　］
③ 左右タイショウな形。［　］

らくらくマルつけ
Ka-52

OUTPUT! 53

# 同音異義語②

## ❶ 文の意味が通るように、（　）の中から正しい熟語を選び、◯で囲みなさい。

(1) （鑑賞・観賞）用の熱帯魚を飼う。

(2) 資本主義（体制・体勢）が確立する。

(3) 放課後に英語の（補修・補習）を受ける。

(4) （非常・非情）事態に備える。

(5) 軍が（反攻・反抗）作戦を開始した。

(6) 亡父の（意志・遺志）を継《つ》ぐ。

(7) 世の中に革命の（機運・気運）が高まる。

(8) 計画に賛同する（有史・有志）を募《つの》る。

(9) 有名な作曲家に作品を（委嘱・移植）する。

(10) 文書を（作製・作成）する。

(11) 事業の（生産・成算）が立たない。

(12) （即製・促成）の料理を食べる。

(13) 時代（公証・考証）がしっかりとした映画。

(14) 卒業写真を見て（懐古・回顧）の情に浸《ひた》る。

(15) 自分の正しさに（確信・核心）がもてない。

(16) 何度も（施行・試行）錯誤《さくご》を重ねる。

(17) 現金で（決済・決裁）する。

(18) 世の中は（無常・無上）と心得る。

(19) （厚生・抗生）物質を服用する。

(20) 障害物（競走・競争）で優勝する。

(21) 山を（真正・神聖）なものとしてあがめる。

(22) 政治家の不正を（非難・避難）する。

(23) 首相《しゅしょう》の（初心・所信）表明演説。

(24) 百科（辞典・事典）を引く。

(25) 独立独歩が私の（心情・信条）だ。

(26) （仮説・仮設）の舞台《ぶたい》で公演を行う。

(27) 会議の結論に（異議・異義）を唱える。

(28) 人事（異動・移動）が実施《じっし》された。

(29) 多数の（指示・支持）を得て当選する。

(30) 人材の（養成・要請）に取り組む。

(31) （対照・対症）療法《りょうほう》で治療する。

(32) またとない（好奇・好機）を逃《のが》す。

(33) （自制・自省）しがたい欲望。

(34) 政府の方針が百八十度（転回・展開）した。

(35) （夫人・婦人）科の医師を目指す。

(36) 先生のことばを心の中に（明記・銘記）する。

ちょこっとインプット Ki-53

答えと解き方⬇別冊27ページ

## ❷ ——線部のカタカナを漢字に直し、［　］に書きなさい。

(1)
① 未来をヨチする。［　］
② 選択《せんたく》のヨチはない。［　］

(2)
① 重要な点をキョウチョウする。［　］
② 彼《かれ》にはキョウチョウ性がない。［　］

(3)
① フシン感を抱《いだ》く。［　］
② フシンな人物。［　］
③ 経営フシンにあえぐ。［　］
④ 問題解決にフシンする。［　］

(4)
① 懇親会《こんしんかい》をキカクする。［　］
② キカク外の商品。［　］

(5)
① ホウフな資源。［　］
② 新年のホウフ。［　］

(6)
① 身元のホショウ。［　］
② 人権のホショウ。［　］
③ 損害のホショウ。［　］

(7)
① 利益のツイキュウ。［　］
② 犯人へのツイキュウ。［　］
③ 真理のツイキュウ。［　］

(8)
① 有イギな時間。［　］
② イギを正して座《すわ》る。［　］

(9)
① 内政へのカンショウ。［　］
② カンショウに浸《ひた》る。［　］
③ カンショウ地帯。［　］
④ 組織の財務をカンショウする。［　］

(10)
① 注意ジコウの説明。［　］
② ジコウの挨拶《あいさつ》をする。［　］
③ その事件にはジコウが成立している。［　］

(11)
① ヘイコウな二直線。［　］
② ヘイコウ感覚を保つ。［　］
③ 二つの計画をヘイコウして進める。［　］
④ 無理難題にヘイコウする。［　］

(12)
① 会議がシンコウする。［　］
② 神へのシンコウ心。［　］
③ シンコウを結ぶ。［　］
④ 地域経済のシンコウ。［　］

らくらくマルつけ
Ka-53

OUTPUT! 54

# 同音異義語③・同訓異字①

❶ 文の意味が通るように、（　）の中から正しい熟語を選び、〇で囲みなさい。

(1) （園芸・演芸）用の土をつくる。

(2) （伝統・電灯）の明るさを調節する。

(3) （形勢・形成）が逆転する。

(4) 薬品の（科学・化学）反応を観察する。

(5) 桜が（開化・開花）する。

(6) （細大・最大）漏《も》らさずに聞き取る。

(7) 美容師を（使命・指名・氏名）する。

(8) 子どもの（成長・生長）は早い。

(9) 食品の（衛生・衛星）管理をする。

(10) 街頭でアンケートに（回答・解答）する。

(11) ご（高位・厚意）に感謝いたします。

(12) 撮影《さつえい》を（再会・再開）する。

(13) 高度な技能を（拾得・習得）する。

(14) 変わり者（同士・同志）が仲良くなる。

(15) コップの（容量・用量）を確かめる。

(16) ルールを（周知・衆知）させる。

❷ 次の読み方をする漢字のうち、文の意味に合うものを〇で囲みなさい。

答えと解き方➡別冊27ページ

ちょこっとインプット Ki-54

(1) おさえる
要点を（抑え・押さえ）た質問。

(2) たてる
庭に物置小屋を（立・建）てる。

(3) とめる
ピンで（留・止・泊）められたポスター。

(4) たたかう
難病と（闘・戦）う。

(5) ひく
ピアノを（引・弾）く。

(6) ふえる
出費が（殖・増）えて赤字になる。

(7) まるい
寒さで背中を（円・丸）める。

(8) あける
目を（空・明・開）ける。

(9) おろす
商品を半額で（下ろ・卸）す。

(10) いる
思いどおりになって悦《えつ》に（入・要・居）る。

## ❸ ——線部のカタカナを漢字に直し、［　］に書きなさい。

(1)
① 提案をケントウする。［　］
② ケントウがつかない。［　］
③ ケントウを祈《いの》る。［　］

(2)
① カキ講習に参加する。［　］
② カキの花火大会。［　］
③ 理由をカキに述べる。［　］

(3)
① キシャに乗車する。［　］
② 新聞キシャ。［　］
③ 営業後にキシャする。［　］
④ 財産をキシャする。［　］

(4)
① カンゲキに浸《ひた》る。［　］
② 歌舞伎《かぶき》のカンゲキ。［　］

(5)
① コウショウな趣味《しゅみ》。［　］
② 時代コウショウ。［　］

(6)
① フジの花が咲《さ》く。［　］
② 恋《こい》はフジの病だ。［　］
③ フジの山。［　］

(7)
① ATMをカンシする。［　］
② カンシを書き下す。［　］
③ 衆人カンシの的になる。［　］

(8)
① 時間にオクれる。［　］
② 気オクれする。［　］

(9)
① 聖書の教えをトく。［　］
② 卵を箸《はし》でトく。［　］

(10)
① 一戸建てにスむ。［　］
② 気を使わずにスむ。［　］
③ 川の水がスむ。［　］

(11)
① 月がノボる［　］
② 話題にノボる。［　］
③ 険しい山にノボる。［　］

(12)
① 文章を書きウツす。［　］
② 本棚《ほんだな》を隣室《りんしつ》にウツす。［　］
③ 鏡に姿をウツす。［　］

(13)
① 責任をオう。［　］
② 逃《に》げた鳥をオう。［　］

(14)
① 二頭の犬をカう。［　］
② 野菜をカう。［　］

(15)
① 机のアシを修理する。［　］
② アシの爪《つめ》を切る。［　］

らくらくマルつけ
Ka-54

OUTPUT! 55

# 同訓異字②

## ❶ 次の読み方をする漢字のうち、文の意味に合うものを〇で囲みなさい。

(1) あやまる
ハンドルの操作を（謝・誤）る。

(2) やさしい
この問題はとても（易・優）しい。

(3) つかう
彼女《かのじょ》はことば（使・遣）いが丁寧《ていねい》だ。

(4) さます
深い眠《ねむ》りから目を（冷・覚）ます。

(5) におう
ほのかに香水《こうすい》の（匂・臭）いがする。

(6) ととのえる
旅行の支度《したく》を（整・調）える。

(7) はやい
朝（早・速）い時間から仕事をする。

(8) たずねる
駅までの道を（訪・尋）ねる。

(9) とける
食塩が水に（解・溶）ける。

(10) のばす
旅行先で羽を（伸・延）ばす。

(11) のる
汚《お》職《しょく》事件が新聞に（乗・載）る。

(12) あからむ
恥《は》ずかしくて頬《ほお》が（明・赤）らむ。

(13) はる
壁《かべ》にポスターを（張・貼）る。

(14) しめる
賛成派が過半数を（占・締）める。

(15) さげる
大きなかばんを手に（下・提）げる。

(16) あたたかい
友人宅で（温・暖）かいもてなしを受ける。

(17) やぶれる
惜《お》しくも決勝戦で（敗・破）れた。

(18) やわらかい
物腰《ものごし》が（柔・軟）らかい人物。

(19) とらえる
文章の要点を正確に（捕らえ・捉え）る。

(20) みる
歯が痛いので、医者に（見・診）てもらう。

(21) はじめ
実験を（初・始）めからやり直す。

(22) わざ
彼《かれ》の演技力は人間（技・業）とは思えない。

(23) かわ
面《つら》の（皮・革）が厚い人間。

(24) こたえる
観客の声援《せいえん》に（答・応）える。

答えと解き方⬇別冊27ページ

ちょこっとインプット
Ki-55

## ❷ ――線部のカタカナを漢字に直し、［　］に書きなさい。

(1)
① 電源をタつ。［　］
② 消息をタつ。［　］
③ 布地をタつ。［　］

(2)
① 他国の領土をオカす。［　］
② あやまちをオカす。［　］
③ 危険をオカす。［　］

(3)
① 成功をオサめる。［　］
② 税金をオサめる。［　］
③ 組織をオサめる。［　］
④ 生物学をオサめる。［　］

(4)
① よび鈴《りん》をオす。［　］
② 彼女を委員長にオす。［　］

(5)
① オモテ向きの理由。［　］
② オモテを上げる。［　］

(6)
① 時計の針をススめる。［　］
② 候補に彼をススめる。［　］
③ 新刊をススめる。［　］

(7)
① 車の事故が相ツぐ。［　］
② 親の会社をツぐ。［　］

(8)
① 鳥が空をトぶ。［　］
② トび上がって喜ぶ。［　］

(9)
① 自己をカエリみる。［　］
② 過去をカエリみる。［　］

(10)
① 悲しみにタえない。［　］
② 寒さにタえる。［　］
③ 連絡《れんらく》がタえる。［　］

(11)
① 宿敵をウつ。［　］
② 胸をウつ話。［　］
③ ピストルをウつ。［　］

(12)
① 義理ガタい性格。［　］
② チームのカタい結束。［　］
③ 表情がカタくなる。［　］

(13)
① 本人の許可をトる。［　］
② 記念写真をトる。［　］
③ 新しい社員をトる。［　］
④ 雑木林で虫をトる。［　］
⑤ 全軍の指揮をトる。［　］

らくらく
マルつけ

Ka-55

# OUTPUT! 56 同訓異字③

❶ 次の読み方をする漢字のうち、文の意味に合うものを◯で囲みなさい。

(1) おどる
合格通知に心が（踊・躍）った。

(2) さく
時間を（割・裂）いて友人と会う。

(3) わく
この辺りは温泉が（沸・湧）いている。

(4) そなえる
先祖の墓に花を（供・備）える。

(5) そう
被害者《ひがいしゃ》の心情に寄り（沿・添）う。

(6) なおる
好きなものを食べて機嫌《きげん》が（直・治）る。

(7) おくる
パソコンで電子メールを（送・贈）る。

(8) かわく
炎天下《えんてんか》を走ってのどが（乾・渇）いた。

(9) あぶら
火に（脂・油）を注ぐ結果になった。

(10) はえる
真っ赤な夕日に紅葉が（生・映）える。

(11) こむ
絵画に手の（混・込）んだ細工を施《ほどこ》す。

(12) のぞむ
心を落ち着けて試験に（望・臨）む。

(13) ふるう
決勝戦を前に武者（奮・震）いをする。

(14) つつしむ
（慎・謹）んで御礼《おんれい》申し上げます。

(15) ほか
思いの（他・外）成績がよかった。

(16) ふく
火山がマグマを（噴・吹）き出す。

(17) せめる
無断で遅刻《ちこく》したことを（攻・責）める。

(18) わかれる
意見が真っ二つに（分か・別）れる。

(19) しぼる
優勝候補を三人に（搾・絞）る。

(20) あらい
この洋服は編み目が（粗・荒）い。

(21) いたむ
保存の仕方が悪く、魚が（痛・傷）んだ。

(22) かく
美術の授業で似顔絵を（書・描）く。

(23) つとめる
早寝《はやね》早起きに（勤・努）める。

(24) つとめる
舞台《ぶたい》で主役を（務・勤）める。

答えと解き方⬇別冊28ページ

ちょこっとインプット
Ki-56

## ❷ ――線部のカタカナを漢字に直し、［　］に書きなさい。

(1)
① 親のモトを離《はな》れる。［　　］
② モトの状態に戻《もど》る。［　　］
③ 証拠《しょうこ》をモトに考える。［　　］

(2)
① 彼女《かのじょ》と目がアう。［　　］
② 駅で友人とアう。［　　］
③ 思わぬ災難にアう。［　　］

(3)
① 悪臭《あくしゅう》が鼻をサす。［　　］
② 方位磁針が北をサす。［　　］
③ いい話に水をサす。［　　］
④ 髪《かみ》にかんざしをサす。［　　］

(4)
① 宝石のアヤしい魅力《みりょく》。［　　］
② アヤしい外見の人物。［　　］

(5)
① 木のカゲで休む。［　　］
② カゲも形もない。［　　］

(6)
① ひもをきつくシめる。［　　］
② 自らの首をシめる。［　　］
③ 寒いので窓をシめる。［　　］

(7)
① 水道料金をアげる。［　　］
② お正月にたこをアげる。［　　］
③ 具体例をアげる。［　　］

(8)
① 先生の話をキく。［　　］
② 生演奏をキく。［　　］
③ 頭痛によくキく薬。［　　］

(9)
① 事態の収束をハカる。［　　］
② 湖の水深をハカる。［　　］
③ 頃合《ころあ》いをハカる。［　　］
④ 本の重さをハカる。［　　］
⑤ 委員会にハカる。［　　］

(10)
① 目的地にツく。［　　］
② 地面に足跡《あしあと》がツく。［　　］
③ 組織の要職にツく。［　　］
④ 相手の意表をツく。［　　］

(11)
① 賞金をカける。［　　］
② ドアに札をカける。［　　］
③ カけに勝つ。［　　］
④ 川に橋をカける。［　　］
⑤ 馬が荒野《こうや》をカける。［　　］

らくらく
マルつけ
Ka-56

# 57 部首

❶ 次の漢字について、［　］には部首を抜《ぬ》き出し、（　）には部首名をひらがなで、それぞれ書きなさい。

例 菌［艹］（くさかんむり）

(1) 佐［　］（　）
(2) 渓［　］（　）
(3) 抵［　］（　）
(4) 恒［　］（　）
(5) 御［　］（　）
(6) 削［　］（　）
(7) 稿［　］（　）
(8) 迎［　］（　）
(9) 隅［　］（　）
(10) 詣［　］（　）
(11) 凝［　］（　）
(12) 核［　］（　）
(13) 壊［　］（　）
(14) 綱［　］（　）
(15) 顕［　］（　）
(16) 駒［　］（　）
(17) 錯［　］（　）
(18) 暁［　］（　）
(19) 巧［　］（　）
(20) 購［　］（　）
(21) 祉［　］（　）
(22) 熊［　］（　）
(23) 狭［　］（　）
(24) 襟［　］（　）
(25) 宰［　］（　）
(26) 酢［　］（　）
(27) 廷［　］（　）
(28) 婚［　］（　）
(29) 殻［　］（　）
(30) 峡［　］（　）
(31) 軌［　］（　）
(32) 郊［　］（　）
(33) 喝［　］（　）
(34) 疫［　］（　）
(35) 圏［　］（　）

答えと解き方➡別冊28ページ

ちょこっとインプット
Ki-57

## ❷ 次の部首と組み合わせて正しい漢字になるものをあとから一つ選び、記号で答えなさい。

**例** 氵（ウ）　ア 下　イ 円　ウ 尺

(1) 土（　）　ア 女　イ 成　ウ 玉

(2) 頁（　）　ア 余　イ 川　ウ 角

(3) 音（　）　ア 土　イ 車　ウ 郷

(4) し（　）　ア 舌　イ 風　ウ 上

(5) 門（　）　ア 雨　イ 万　ウ 才

(6) 女（　）　ア 己　イ 六　ウ 界

(7) 厂（　）　ア 世　イ 里　ウ 王

(8) 魚（　）　ア 外　イ 刃　ウ 羊

(9) 欠（　）　ア 花　イ 谷　ウ 豆

---

(10) 米（　）　ア 分　イ 元　ウ 化

(11) 犭（　）　ア 羽　イ 虫　ウ 同

(12) 衤（　）　ア 皮　イ 目　ウ 出

(13) 罒（　）　ア 果　イ 直　ウ 制

(14) 石（　）　ア 身　イ 更　ウ 男

(15) 木（　）　ア 士　イ 玉　ウ 寸

(16) 金（　）　ア 万　イ 久　ウ 十

(17) 彡（　）　ア 周　イ 長　ウ 幸

(18) 隹（　）　ア 木　イ 日　ウ 牛

(19) 力（　）　ア 米　イ 糸　ウ 交

---

(20) 穴（　）　ア 光　イ 至　ウ 成

(21) 心（　）　ア 予　イ 内　ウ 今

(22) 走（　）　ア 固　イ 易　ウ 取

(23) 彳（　）　ア 走　イ 谷　ウ 見

(24) 匚（　）　ア 右　イ 矢　ウ 立

(25) 辶（　）　ア 永　イ 申　ウ 白

(26) 行（　）　ア 星　イ 重　ウ 負

(27) 癶（　）　ア 貝　イ 君　ウ 豆

(28) 酉（　）　ア 告　イ 求　ウ 完

(29) 刂（　）　ア 書　イ 害　ウ 高

---

(30) 灬（　）　ア 竹　イ 州　ウ 列

(31) 疒（　）　ア 正　イ 広　ウ 央

(32) 馬（　）　ア 主　イ 民　ウ 弁

(33) 雨（　）　ア 風　イ 相　ウ 面

(34) 夂（　）　ア 身　イ 足　ウ 孝

(35) 冫（　）　ア 東　イ 者　ウ 毒

(36) ⺮（　）　ア 灰　イ 寺　ウ 再

(37) 衣（　）　ア 放　イ 明　ウ 制

(38) 忄（　）　ア 母　イ 布　ウ 甲

らくらくマルつけ
Ka-57

**1** 次の漢字の総画数をそれぞれ算用数字で書きなさい。

(1) 江［　］
(2) 氾［　］
(3) 亜［　］
(4) 芝［　］
(5) 殖［　］
(6) 恨［　］
(7) 慈［　］
(8) 矯［　］
(9) 乙［　］
(10) 握［　］
(11) 泥［　］
(12) 威［　］
(13) 匿［　］
(14) 貪［　］
(15) 尿［　］
(16) 凹［　］
(17) 牙［　］
(18) 弔［　］
(19) 顎［　］
(20) 稽［　］
(21) 迅［　］
(22) 宰［　］
(23) 幽［　］
(24) 柔［　］
(25) 曹［　］
(26) 麓［　］
(27) 欄［　］
(28) 蔑［　］
(29) 彙［　］
(30) 繭［　］
(31) 帝［　］
(32) 乏［　］
(33) 沸［　］
(34) 箋［　］
(35) 縫［　］
(36) 餅［　］

**2** 筆順の正しいものの記号を、○で囲みなさい。

(1) 希

ア　イ

(2) 巨

ア　イ

(3) 惨

ア　イ

(4) 凸

ア　イ

答えと解き方⬇別冊29ページ

ちょこっとインプット

Ki-58

**3** 次の漢字の総画数をそれぞれ算用数字で書きなさい。

(1) 尋〔　　〕
(2) 羞〔　　〕
(3) 墨〔　　〕
(4) 塾〔　　〕
(5) 賓〔　　〕
(6) 宛〔　　〕
(7) 与〔　　〕
(8) 臼〔　　〕
(9) 甚〔　　〕
(10) 俊〔　　〕
(11) 驚〔　　〕
(12) 繕〔　　〕
(13) 圏〔　　〕
(14) 瓦〔　　〕
(15) 豪〔　　〕
(16) 魔〔　　〕
(17) 覇〔　　〕
(18) 喪〔　　〕
(19) 唾〔　　〕
(20) 弦〔　　〕
(21) 玄〔　　〕
(22) 幻〔　　〕
(23) 朽〔　　〕
(24) 呉〔　　〕
(25) 毀〔　　〕
(26) 鑑〔　　〕
(27) 剝〔　　〕
(28) 華〔　　〕
(29) 互〔　　〕
(30) 匠〔　　〕
(31) 迎〔　　〕
(32) 糾〔　　〕
(33) 透〔　　〕
(34) 収〔　　〕
(35) 皆〔　　〕
(36) 猛〔　　〕
(37) 漏〔　　〕
(38) 蔽〔　　〕
(39) 爵〔　　〕
(40) 邪〔　　〕
(41) 瓶〔　　〕
(42) 被〔　　〕

**4** 筆順の正しいものの記号を、○で囲みなさい。

(1) 械
ア　イ

(2) 属
ア　イ

(3) 劇
ア　イ
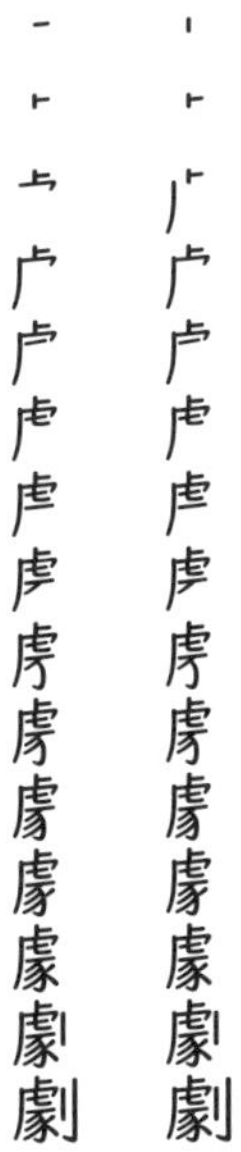

(4) 潟
ア　イ
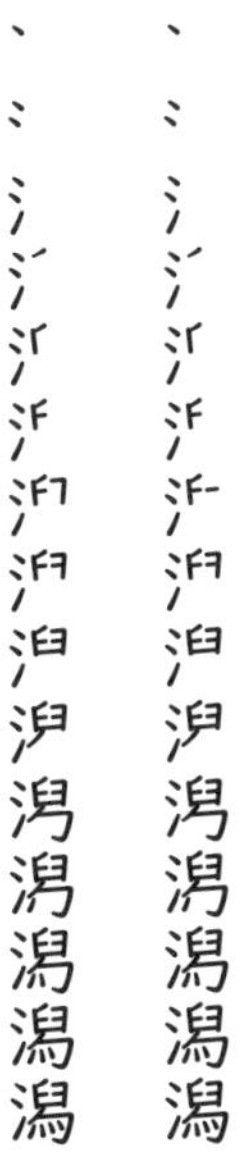

# OUTPUT! 59 書体

答えと解き方➡別冊29ページ

ちょこっとインプット
Ki-59

**❶ 次の［①］～［④］にあてはまることばを、あとからそれぞれ一つ選び、記号で答えなさい。**

・［①］体は、点画を正確に書く字体で、基本の書体とされている。
・行書体は、楷書体《かいしょたい》に比べると、点画を［②］させて書く。
・［③］体とは、文字全体を続け書きする書体で、点画の連続や大胆《だいたん》な［④］、省略が見られる。

①［　］　②［　］
③［　］　④［　］

ア 楷書　イ 行書　ウ 草書
エ 変形　オ 連続

**❷ 次の漢字の書体を、あとからそれぞれ一つずつ選び、記号で答えなさい。**

(1) 草［　］　(2) 濃［　］
(3) 暗［　］　(4) 頭［　］
(5) 名［　］　(6) 肉［　］
(7) 父［　］　(8) 台［　］

ア 楷書　イ 行書　ウ 草書

**❸ 次の部首をもつ行書体の漢字を、あとからそれぞれ一つずつ選び、記号で答えなさい。**

(1) うかんむり
ア 冠　イ 市　ウ 宰　エ 傘　［　］

(2) しめすへん
ア 祈　イ 征　ウ 相　エ 維　［　］

(3) おおざと
ア 割　イ 限　ウ 都　エ 段　［　］

**❹ 次の部首をもつ草書体の漢字を、あとからそれぞれ一つずつ選び、記号で答えなさい。**

(1) まだれ
ア 庭　イ 原　ウ 痛　エ 展　［　］

(2) さんずい
ア 精　イ 清　ウ 情　エ 佛　［　］

(3) おおがい
ア 断　イ 根　ウ 律　エ 項　［　］

**5** 次の漢字の書体を、あとからそれぞれ一つずつ選び、記号で答えなさい。

(1) 建［　］
(2) 新［　］
(3) 聞［　］
(4) 育［　］
(5) 雲［　］
(6) 起［　］
(7) 絡［　］
(8) 能［　］

ア 楷書　イ 行書　ウ 草書

**6** 次の部首をもつ行書体の漢字を、あとからそれぞれ一つずつ選び、記号で答えなさい。

(1) きへん
ア 秋　イ 梅　ウ 折　エ 精　［　］

(2) ぎょうがまえ
ア 徳　イ 徴　ウ 守　エ 街　［　］

(3) なべぶた
ア 京　イ 写　ウ 術　エ 登　［　］

**7** 次の部首をもつ草書体の漢字を、あとからそれぞれ一つずつ選び、記号で答えなさい。

(1) たけかんむり
ア 菊　イ 笑　ウ 留　エ 栄　［　］

(2) てへん
ア 林　イ 打　ウ 私　エ 独　［　］

(3) しんにょう
ア 医　イ 速　ウ 出　エ 熱　［　］

**8** 次の行書体の漢字を楷書体に直した場合、総画数が同じになるものはどれか。あとからそれぞれ一つずつ選び、記号で答えなさい。

(1) 紅
ア 雨　イ 音　ウ 困　エ 帯　［　］

(2) 尊
ア 胸　イ 悪　ウ 渡　エ 働　［　］

(3) 敵
ア 億　イ 歌　ウ 興　エ 謝　［　］

らくらくマルつけ
Ka-59

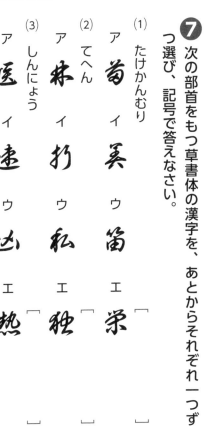

# OUTPUT! 60 まとめのテスト⑩

答えと解き方➡別冊30ページ

／100点

❶ 次の問いに答えなさい。［100点］

(1) 次の文に合う熟語を〇で囲みなさい。（2点×10）

① 彼《かれ》の傷の具合は〔解放／快方〕に向かっている。
② 目の前の犯罪を〔黙視／目視〕するべきではない。
③ 隣町《となりまち》の学校との〔交歓／交換〕会が開かれた。
④ 〔極地／局地〕的な大雨が降り続いている。
⑤ 集めた情報を〔最大／細大〕漏《も》らさず報告する。
⑥ 生徒の作文を〔講評／好評〕する。
⑦ 人跡《じんせき》〔未到／未踏〕の奥地《おくち》をたずねる。
⑧ 皇帝《こうてい》の〔意向／威光〕の前にひれ伏《ふ》す。
⑨ うわさが〔既成／既製〕事実と化す。
⑩ 彼女《かのじょ》はこの部署の部長として〔適格／的確〕だ。

(2) 次の漢字の総画数を、それぞれ算用数字で書きなさい。（2点×12）

① 版（　　） ② 世（　　） ③ 吸（　　）
④ 弓（　　） ⑤ 断（　　） ⑥ 卵（　　）
⑦ 慮（　　） ⑧ 嗣（　　） ⑨ 屯（　　）
⑩ 旋（　　） ⑪ 阻（　　） ⑫ 襲（　　）

(3) 筆順の正しいものを、〇で囲みなさい。（4点×2）

① 帯
ア 一 十 卄 卅 卅 卌 卌 帯 帯 帯
イ 一 十 卄 卅 卅 卅 卌 卌 帯 帯

② 脳
ア 丿 ⺆ 月 月 月 月 月 肜 脳 脳 脳
イ 丿 ⺆ 月 月 月 月 月 月 月 脳 脳

(4) 次の読み方をする漢字を書きなさい。（2点×15）

① キコウ
A パリの□文を執筆《しっぴつ》する。
B ビルの□式。
C 食品の流通□を整備する。

② シカク
A 税理士の□をとる。
B カメラの□なので映らない。
C 標的に□を差し向ける。

③ シメイ
A 住所と□を記入する。
B 重要な□を帯びる。
C □を制する事件。

④ テキヨウ
A 保険の□を受ける。
B 論文の□を読む。

⑤ とめる
A 洋菓子《ようがし》店の前で足を□める。
B 悪口を気に□める様子がない。

⑥ はなす
A 籠《かご》の中の昆虫《こんちゅう》を□す。
B 運転中は手が□せない。

---

(5) 次の部首をもつ漢字をあとから選び、それぞれ記号で答え、その書体を書きなさい。（3点×6）

① さんずい 〔　〕 書体〔　〕
② がんだれ 〔　〕 書体〔　〕
③ えんにょう 〔　〕 書体〔　〕

ア 庫　イ 厚　ウ 通
エ 延　オ 瀬　カ 汚

# チャレンジテスト❶

答えと解き方⬇別冊30ページ

／100点

**1** 次の文章を読んで、あとの問いに答えなさい。［45点］

①東の果てにある②遠い国で、③氷の世界が広がっていた。そこには、④命をかけて勝利を目指す者たちがいた。彼《かれ》らは、一分一秒を惜《お》しんで土地を開墾《かいこん》していた。果てしない戦いの中、一人の男がいた。彼は、歌を口ずさみながら、疲《つか》れを知らぬかのように⑤働いた。彼の⑥歌は仲間に評判が高かった。しかし、彼は満足することができなかった。彼は、自分の歌にもっと⑦節を加えたいと思っていたのである。

そんなある日、彼は⑧スミを焼くため⑨シンリンに入った。そこには⑩イチワの鳥がいた。その鳥は、彼が歌うとそれに合わせるように面白《おもしろ》い節回しで鳴いた。彼は、自分の歌に鳥が歌った節を加えてみた。すると、鳥はさらにA機嫌《げん》よく歌うようになった。

彼と鳥の合作により、彼の歌の革新が続いたある日、彼の畑のかたわらに、一人の老人が立ち尽《つ》くしていた。彼の歌は、老人の胸に響《ひび》き、老人は両⑪腕を広げ、感動のB涙をこぼしていた。感極《かんきわ》まった老人が彼に握手《あくしゅ》を求めたところ、彼はC服で手をぬぐい、⑫ツメの間の土を少し気にしながら応えた。

その後、彼と鳥がつくった歌は永遠に残った。

（書き下ろし）

(1) ――線部①「東」、②「遠」、③「氷」、④「命」の訓読みを、それぞれひらがなで書きなさい。（3点×4）

①［　　］ ②［　　］
③［　　］ ④［　　］

(2) ――線部⑤「働」、⑥「歌」、⑦「節」、⑪「腕」の音読みを、それぞれひらがなで書きなさい。（3点×4）

⑤［　　］ ⑥［　　］
⑦［　　］ ⑪［　　］

(3) ――線部⑧「スミ」、⑨「シンリン」、⑩「イチワ」、⑫「ツメ」を漢字に直し、それぞれ書きなさい。（3点×4）

⑧□ ⑨□□ ⑩□□ ⑫□

(4) ――線部A「機」について、「き」以外の読みがなを書きなさい。（3点）

［　　］

(5) ――線部B「涙」、C「服」の部首名を、それぞれひらがなで書きなさい。（3点×2）

B［　　］ C［　　］

## 2 次の文章を読んで、あとの問いに答えなさい。［18点］

漢字は、中国から日本に伝わった文字で、おもに象形文字、会意文字、指事文字、形声文字の四種類に分類されます。

まず、象形文字は、「木」や「山」のように、物の形をかいた文字です。

次に、会意文字は、二つ以上の文字を組み合わせて意味を表した文字で、「日」と「月」を組み合わせた「明」などがそれにあたります。

そして、指事文字は、形で表しにくいものを点や線で表した文字で、たとえば、「上」と「下」は、横棒の上に点があることで「うえ」を、下は横棒よりも点が下にあることで「した」を表しています。

最後に、形声文字は、音を表す文字と意味を表す文字を組み合わせた文字です。たとえば「河《かわ》」は「か」とも読みますが、「氵（さんずい）」と「可《か》」の組み合わせです。また、「働」や「□」などのように、日本で生まれた国字とよばれる漢字もあります。

（書き下ろし）

(1) 次の①〜⑧の漢字の成り立ちとして適切なものを、あとから一つずつ選び、それぞれ記号で答えなさい。（2点×8）

① 銅［　］　② 本［　］　③ 鳥［　］

④ 休［　］　⑤ 月［　］　⑥ 天［　］

⑦ 飯［　］　⑧ 位［　］

ア 象形文字　イ 会意文字　ウ 指事文字　エ 形声文字

(2) □にあてはまる漢字の読みを［　］から選び、漢字一字に直して書きなさい。（2点）

かなめ　うつつ　はたけ　まよい　こころ

□

## 3 次の問いに答えなさい。［37点］

(1) 次の①〜⑧の漢字の総画数を、それぞれ算用数字で書きなさい。（2点×8）

① 井［　］　② 臓［　］　③ 畏［　］

④ 糖［　］　⑤ 弔［　］　⑥ 貴［　］

⑦ 卒［　］　⑧ 挙［　］

(2) 次の①〜⑦の――線部のカタカナを、漢字と送りがなに直してそれぞれ書きなさい。（3点×7）

① 戸締《とじ》まりをしたかタシカメル。［　］

② ムズカシイ問題をじっくり考える。［　］

③ 食堂を長年イトナム。［　］

④ 反撃《はんげき》の勢いに思わずシリゾク。［　］

⑤ 会がトドコオリなく進行する。［　］

⑥ 考古学の道をココロザス。［　］

⑦ 水道は人々の生活をササエテいる。［　］

らくらくマルつけ
Ka-61

# チャレンジテスト❷

／100点

答えと解き方⬇別冊31ページ

**1** 次の問いに答えなさい。〔68点〕

(1) 次の対義語を[　]から選んで漢字で書きなさい。（3点×5）

例 売却《ばいきゃく》↔購入《こうにゅう》

① 抑制《よくせい》↔[　]

② 都市↔[　]

③ 必然↔[　]

④ 豪快《ごうかい》↔[　]

⑤ 弔事《ちょうじ》↔[　]

こうがい・けいじ・そくしん
ぐうぜん・こうにゅう・せんさい

(2) 次の熟語の類義語を[　]から選んで漢字で書きなさい。（3点×5）

例 平穏《へいおん》－安泰《あんたい》

① 顕著《けんちょ》－[　]

② 貫禄《かんろく》－[　]

③ 感傷－[　]

④ 揶揄《やゆ》－[　]

⑤ 達者－[　]

めいりょう・いげん・ひたん
ちょうろう・こうみょう・あんたい

(3) 次の文に合う熟語を○で囲みなさい。（2点×5）

① クラスの中で{阻害／疎外}感を覚える。

② 漢和{辞典／事典}で部首を調べる。

③ 書類に{決裁／決済}の印をもらう。

④ 彼《かれ》は{非常／非情}になりきれない性格だ。

⑤ {内蔵／内臓}のまわりに脂肪《しぼう》が付く。

(4) 次の読み方をする熟語を書きなさい。（3点×4）

① コウセイ
A [　]な判断。
B 福利[　]。

② カンショウ
A 内政[　]。
B [　]材。

(5) 使い方をまちがっている熟語すべてに――を引き、右側に正しい熟語を書きなさい。（各完答4点×4）

例 移動の辞令を受け取った。（異動）

① 彼は、過去の成算にはまるで歓心がないようだった。

② 車から輩出されたガスの周囲への影響を測る。

③ 桜の花を鑑賞して感傷的な気持ちになった。

④ 苦戦は必死と思われたが、試合はこちらの勝利で修了した。

## 2 次の文章を読んで、あとの問いに答えなさい。［32点］

高齢化《こうれいか》社会は、日本が抱《かか》える大きな問題の一つです。高齢者の人口の①比率が増加するにつれ、②需要が増した③医療《りょう》・④介護サービスが行き渡《わた》るように社会的なリソースを配分することが⑤難しくなっていきます。

現在の日本の社会保険制度は年齢という区分によって社会の⑥基盤《ばん》を支える人とそうでない人を分ける形になっています。

しかし、高齢化の加速に伴《ともな》い、年齢によって区別をせずに、全世代が多様性をいかしながらベストな暮らし方を見つけ出していくことが強く求められています。（書き下ろし）

(1) ――線部①・②の読みがなをそれぞれ書きなさい。（4点×2）

①［　　］　②［　　］

(2) ――線部③・④の漢字の部首名をそれぞれひらがなで書きなさい。（4点×2）

③［　　］　④［　　］

(3) ――線部③・④の漢字の総画数を、それぞれ算用数字で書きなさい。（4点×2）

③［　　］　④［　　］

(4) ――線部⑤・⑥の漢字について、筆順の正しいものの記号を、○で囲みなさい。（4点×2）

⑤ 難

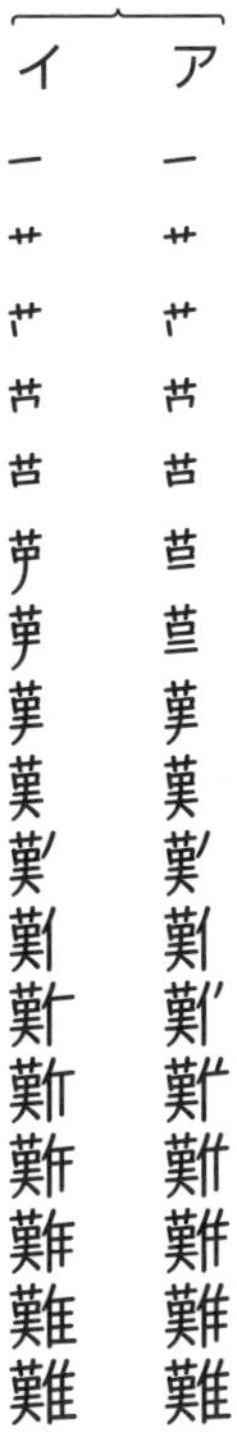

⑥ 基

らくらくマルつけ

Ka-62

□ 編集協力　㈱オルタナプロ　大木富紀子　福岡千穂
□ 本文デザイン　土屋裕子(㈲ウエイド)
□ コンテンツデザイン　㈲Y-Yard

シグマベスト
アウトプット専用問題集
中学国語[漢字]



編　者　文英堂編集部
発行者　益井英郎
印刷所　岩岡印刷株式会社
発行所　株式会社文英堂
〒601-8121　京都市南区上鳥羽大物町28
〒162-0832　東京都新宿区岩戸町17
(代表)03-3269-4231

●落丁・乱丁はおとりかえします。

ΣBEST シグマベスト

# アウトプット専用問題集

書いて定着

# 中学国語 漢字

OUTPUT

## 答えと解き方

文英堂

## 1 日常生活でよく見る漢字❶

本冊4ページ

❶

(1) せつげつか (2) みずうみ (3) こうみゃく
(4) ち・は (5) うみ・かい (6) いぬ
(7) かんえい (8) まつ・うめ (9) ひつじ
(10) がいちゅう (11) しんまい (12) まめ・にく
(13) ぶんちょう (14) こむぎ・め
(15) くさ・しゅるい (16) ひ・いし (17) かわかみ
(18) なみ (19) たいせいよう (20) かいこ
(21) えだ・は (22) しま (23) うし・ちち
(24) じょうば (25) てんねんすい (26) しんりん
(27) たにま (28) りゅうせい (29) ひかり
(30) けいかん (31) のはら (32) せいてん
(33) き・みき (34) きし (35) しお・いわ
(36) あんうん

❷

(1) 月夜・雪 (2) 湖・土地 (3) 鉱石 (4) 果実
(5) 海岸・貝 (6) 愛犬・姿 (7) 長官 (8) 松竹梅
(9) 羊皮紙 (10) 虫・羽音 (11) 象 (12) 肉・大豆
(13) 鳥・巣 (14) 発芽 (15) 土・根 (16) 潮風
(17) 水質 (18) 電磁波 (19) 太平洋 (20) 養蚕
(21) 葉脈 (22) 島・上陸 (23) 牛乳 (24) 牧草・馬
(25) 自然 (26) 森・樹木 (27) 谷底 (28) 夜空・星
(29) 太陽光 (30) 季節・風景 (31) 野菜・種
(32) 晴れる (33) 根幹 (34) 魚肉 (35) 池・氷
(36) 火山灰 (37) 岩塩 (38) 桜並木 (39) 雨雲
(40) 米

### 解き方

❶ (1)「雪月花」は、四季おりおりの美しい自然の眺《なが》めという意味です。

(2)「湖」・(5)「海」・(18)「波」・(19)「洋」のように、**水に関係する漢字の部首は、「さんずい」**が多いことに注目しましょう。

(3)「鉱」のように、**金属に関係する漢字の部首は、「かねへん」**が多いことに注目しましょう。

(8)「松」「梅」・(21)「枝」のように、**樹木に関係する漢字の部首は、「きへん」**が多いことに注目しましょう。

(21)「葉」のように、**植物に関係する漢字の部首は、「くさかんむり」**が多いことに注目しましょう。

❷ (8)「松竹梅」とは、寒さに耐《た》える松・竹・梅をめでたいものとしてまとめてよび表したことばです。

(9)「羊皮紙」は、羊の皮を加工してつくった紙のことです。

(18)「電磁波」とは、電磁場の周期的な変化が空気中などを伝わっていく波動のことです。電波や紫外《しがい》線《せん》などは電磁波にふくまれます。

(33)「根幹」とは、物事の中心となるところのことです。

## 2 日常生活でよく見る漢字❷

本冊6ページ

❶

(1) とろう (2) こ・まご (3) もくてき
(4) かくじ (5) はいたつ (6) いもうと
(7) かお (8) はな (9) ぼこくご (10) たにん
(11) どうがん (12) あくゆう (13) こうほ
(14) しゅちょう (15) まんぞく (16) きょうだい
(17) そうりだいじん (18) へいたい (19) しんみん
(20) ぐんじん (21) ふせい (22) みみ (23) み
(24) あかげ (25) ひと (26) はなぢ (27) さいかく
(28) りょうしん (29) けんし (30) こころ
(31) いつう (32) くんし (33) しなん
(34) ひといき (35) きゃく (36) あいじょう

❷

(1) 徒歩 (2) 子孫 (3) 目・口 (4) 自ら
(5) 氏名 (6) 妹・手 (7) 顔 (8) 鼻 (9) 母
(10) 軍隊 (11) 児童館 (12) 友達 (13) 天候 (14) 首
(15) 男女 (16) 足 (17) 弟・声 (18) 兄・卒業式
(19) 臣下 (20) 兵士 (21) 愛 (22) 耳 (23) 身体
(24) 毛頭 (25) 夫人 (26) 出血 (27) 姉・才能
(28) 里親 (29) 歯 (30) 民意 (31) 安心 (32) 胃腸
(33) 君 (34) 王者 (35) 指先 (36) 無病息災
(37) 客員 (38) 任命 (39) 係 (40) 父

### 解き方

❶
(1)「徒」の部首である「ぎょうにんべん」は、「行く」**「道」に関係する漢字**に用いられることが多いことに注目しましょう。
(6)「妹」や「姉」のように、**女性に関係する漢字の部首**は、「**おんなへん**」が多いことに注目しましょう。
(24)「毛」は毛の生えている様子をかたどった象形文字です。
(31)「胃」の部首は「にくづき」といい、「肉」を省略した「月」の形になっています。「**にくづき**」は**体の部分や状態**などを表します。
(33)「指」のように、**手の動作に関係する漢字の部首**は、「**てへん**」が多いことに注目しましょう。

❷
(7)「顔から火が出る」とは、とても恥《は》ずかしくて顔が赤くなる様子です。
(18)「卒」には「下級の兵士」という意味のほかに、「おわる」「おえる」という意味があります。
(32)「腸」の部首は「にくづき」です。「にくづき」には漢字の左側のへんの位置にあるものと、そうでないものがあります。
(37)「客員教授」とは、大学などの研究機関に非常勤の教員として籍《せき》を置く教授のことです。

## 3 日常生活でよく見る漢字③

本冊 8ページ

❶
(1) しどう (2) つうがく (3) しんこうほうこう
(4) やく・とく (5) べんがく (6) こうせいせき
(7) か・き (8) そだ (9) きょうりょく (10) およ
(11) いんよう (12) おし (13) すく (14) か・い
(15) せいけい (16) のぼ・やす (17) はな
(18) ざせき・お (19) ある (20) しきゅう
(21) とうせん (22) よけん (23) こきゅう・あ
(24) かえ (25) みおく・で (26) ひげき・お
(27) しる (28) しょくりん (29) よ
(30) ときょうそう (31) じゅうみん (32) なが
(33) しこう (34) きょうめい (35) つく (36) し

❷
(1) 旅・始まり (2) 乗る (3) 拾う (4) 計算
(5) 勉強 (6) 切望 (7) 練習 (8) 決勝・進む
(9) 泣き・聞く (10) 研究 (11) 遊泳 (12) 申す
(13) 教育・考える (14) 読む (15) 売買 (16) 登山
(17) 放置 (18) 住む (19) 歩行 (20) 給料
(21) 当たり (22) 見える (23) 集合 (24) 返送
(25) 悲しむ (26) 感想・言う (27) 記述 (28) 植える
(29) 飲食禁止 (30) 帰る (31) 挙げる (32) 流入
(33) 思い (34) 鳴り (35) 作業 (36) 死去
(37) 知人・来る (38) 起きる (39) 出立 (40) 救助

### 解き方

❷
(6)「切望」は、強く願うことです。
(8)「勝」の部首は「ちから」です。「にくづき」ではないので注意しましょう。
(39)「出立」は、旅などに出ることです。

## 4 日常生活でよく見る漢字④

本冊 10ページ

❶
(1) きゅうちゃく (2) ちょきん (3) しょうとう
(4) ころ (5) はいぼく (6) こうかい (7) と
(8) ししゅ (9) つと (10) も・はこ (11) くば
(12) わら (13) う (14) じかく (15) すいせん
(16) がっしょう (17) えいよう (18) みと
(19) ていしゃ (20) ゆうげん (21) かんげき
(22) しりょく (23) じょうきせん
(24) しようきげん (25) ちすいこうじ
(26) けんちく (27) しゅくしょうかい
(28) そうてん (29) な (30) のぞ (31) か
(32) じょきょ (33) ついきゅう (34) ねが (35) と
(36) けつろん

❷
(1) 加える (2) 働く (3) 照明・消す (4) 殺意
(5) 失敗 (6) 航路 (7) 飛行機 (8) 守る
(9) 吸う (10) 持参 (11) 配信 (12) 写真・学ぶ
(13) 受注生産 (14) 覚える (15) 浴室・洗う

(16) 唱える　(17) 養う　(18) 告白　(19) 運転
(20) 有用　(21) 結ぶ　(22) 視察　(23) 飲む　(24) 使う
(25) 骨折・治る　(26) 建てる　(27) 祝う　(28) 争う
(29) 打者・投手　(30) 支　(31) 忘れる　(32) 疑う
(33) 希望　(34) 借金・返済　(35) 除く　(36) 求める
(37) 待つ　(38) 念願　(39) 閉会・辞　(40) 努力

**解き方**

❶

(1)「吸」の部首は「**くちへん**」といい、**口に関係する動作**を表します。

(2)「貯」のように、**お金に関係する漢字の部首**は、「**かいへん**」が多いことに注目しましょう。古代中国では貝がお金として使われていたことに由来します。

(6)「航」のように、**船に関係する漢字の部首**は、「**ふねへん**」が多いことに注目しましょう。

❷

(2)「働」の部首は「**にんべん**」といい、**人間が行う動作や行為《こうい》**を表します。

(13)「受注生産」とは、顧客《こきゃく》から受けた注文に応じて製品などを生産することです。

(38)「念願」とは、強く望んでいた願いのことです。

## 5 まとめのテスト❶

本冊12ページ

❶

(1) ① 音読み…さん　訓読み…やま
② 音読み…かい　訓読み…うみ
③ 音読み…か　訓読み…はな
④ 音読み…ちく　訓読み…たけ
⑤ 音読み…こ　訓読み…みずうみ
⑥ 音読み…ちゅう　訓読み…むし

(2) ⑦ 犬　⑧ 馬　⑨ 羊　⑩ 麦　⑪ 豆　⑫ 貝
⑬ 雨天

(3) ②・⑤［順不同］

❷

(1) ① ともだち　② あそ　③ つか　④ た
⑤ の　⑥ しゅうけつ　⑦ きょうだい
⑧ がくたい　⑨ しょうがくせい

(2) A 配信　B 顔　C 手　D 子　E 注意
F 観客　G 耳　H 血　I 係

(3) ③

**解き方**

❶

(3)「海」と「湖」の部首は、ともに「**さんずい**」です。「さんずい」は、水や水辺に関する漢字でよく使われる部首です。

## 6 日常生活でよく見る漢字❺

本冊14ページ

❶

(1) こうか　(2) みかく　(3) くら　(4) きんこ
(5) はたけ　(6) きこう　(7) ほじょりん　(8) こな
(9) にほんしゅ　(10) もくたん　(11) かいぎ
(12) ほどうきょう　(13) かいが
(14) ぼうえんきょう　(15) とうきょうと　(16) やね
(17) しんぴてき　(18) ほんしゅう　(19) ところ
(20) むら　(21) ごがく　(22) いっこだ　(23) ふで
(24) いと　(25) しちょう　(26) かつじ　(27) いったい
(28) めいれい　(29) しじつ　(30) こてん
(31) たまてばこ　(32) くに　(33) こた
(34) やくぶそく　(35) ほうがくぶ　(36) に

❷

(1) 歌　(2) 味　(3) 倉庫　(4) 発進　(5) 田畑
(6) 港・船出　(7) 輪　(8) 花粉　(9) 地酒
(10) 炭火　(11) 議会　(12) 角　(13) 画家　(14) 宝玉
(15) 京都府　(16) 屋上　(17) 神様　(18) 州　(19) 衣服
(20) 村長　(21) 言語　(22) 戸　(23) 筆者　(24) 一糸
(25) 朝市　(26) 漢字　(27) 手鏡　(28) 号令　(29) 歴史
(30) 典　(31) 校長　(32) 四国　(33) 答案　(34) 役割
(35) 法律　(36) 荷物　(37) 金　(38) 管理　(39) 所有
(40) 帯

## 解き方

❶

(7)「輪」の部首は「**くるまへん**」で、**車に関係する漢字**によく用いられます。

(9)「酒」は水からつくられるので、部首が「さんずい」になっています。

(11)「議」は論じ合うことや場を意味するので、部首が「ごんべん」になっています。

(17)「神」の部首は「**しめすへん**」で、**神へのそなえもの**を表しています。

(34)「役」は、割り当てられた役割やつとめを意味します。部首の「ぎょうにんべん」は、移動することを表しています。

❷

(15)「府」の部首は「**まだれ**」で、**建物の一部**を示す漢字などに使われることが多い部首です。

(23)「筆」・(38)「管」の部首は「**たけかんむり**」で、**竹でつくられた用具**などに用いられます。

(24)「一糸乱れぬ」は、少しも乱れることなくそろっている様子のことです。

(30)「典拠《てんきょ》」は、よりどころとなる文献《ぶんけん》や出典などのことです。

## 7 日常生活でよく見る漢字❻

本冊16ページ

❶

(1) ひよう (2) だい (3) かいしゃ (4) ぎんか
(5) ちゃ (6) きょく (7) くるま (8) とうこう
(9) ずこう (10) りょこう (11) でんとう
(12) かんしん (13) でんしきき (14) しひょう
(15) いいんかい (16) たば (17) か (18) ばこ
(19) とくひょうすう (20) きょっかい
(21) ちょうめん (22) みやだいく (23) くやくしょ
(24) ぐたいれい (25) ふくそう (26) きろく
(27) ざつだん (28) たま (29) こうてき (30) まちな
(31) たたか (32) しちゅう (33) けいかく (34) いし
(35) しんぶんし (36) ゆうはん

❷

(1) 出費 (2) 問題 (3) 神社 (4) 銀色・料
(5) 茶 (6) 局地的 (7) 電車 (8) 刀・布
(9) 工事 (10) 競争 (11) 灯台 (12) 関所 (13) 機械
(14) 目標 (15) 委任 (16) 約束 (17) 図書室 (18) 詩
(19) 投票 (20) 曲 (21) 手帳 (22) 宮 (23) 区別
(24) 例 (25) 服 (26) 録画 (27) 相談 (28) 球技
(29) 公開日 (30) 街頭 (31) 戦国 (32) 火柱
(33) 商業 (34) 博物館 (35) 医 (36) 賞状 (37) 手紙
(38) 名札 (39) 俵・飯 (40) 箱

## 解き方

❶

(1)「費」の部首は「**かい**」で、「かいへん」と同様に**お金に関係する漢字**に用いられます。

(11)「灯」の部首は「**ひへん**」で、**火に関係する漢字**に用いられます。

## 8 日常生活でよく見る漢字❼

本冊18ページ

❶

(1) のうち (2) つくえ (3) さとう (4) とど
(5) ゆうそう (6) しゅうは (7) げんだいごやく
(8) ばくふ (9) さほう (10) じいん (11) ほんや
(12) めいめい (13) みやこ (14) かてい
(15) あぶらえ (16) えき (17) ざっか
(18) じんとく (19) みせ (20) みち (21) もん
(22) かもく (23) えいかいわ (24) だいがくいん
(25) しるし (26) きかいたいそう
(27) とどうふけん (28) こっき (29) さいてん
(30) こざら (31) しゅくばまち (32) がっか
(33) ていえん (34) ごうはん[ごうばん]
(35) やくがくぶ (36) げいのうかい

❷

(1) 農園 (2) 机 (3) 糖分 (4) 届ける (5) 郵便
(6) 宗教 (7) 論文・訳 (8) 幕切れ (9) 非礼
(10) 町内・寺 (11) 本 (12) 名乗る (13) 遊園地
(14) 家 (15) 絵 (16) 汽車・駅 (17) 貨物 (18) 徳

(19)開店 (20)道路 (21)門限 (22)理科 (23)話
(24)病院 (25)印 (26)容器 (27)県 (28)冷蔵庫
(29)祭・道具 (30)皿 (31)宿 (32)課題 (33)庭
(34)笛 (35)坂 (36)板 (37)油 (38)薬 (39)旅芸人
(40)旗

### 解き方

❶

(2)「机」は、昔は木からつくられることが一般的《いっぱんてき》だったので、部首が「きへん」になっています。

(3)「糖」のように、**米に関係する漢字の部首**は、「こめへん」が多いことに注目しましょう。

(7)「語」「訳」のように、**ことばに関係する漢字の部首**は、「ごんべん」が多いことに注目しましょう。

❷

(16)「汽」は水が蒸発した湯気を意味するので、部首が「さんずい」になっています。

(23)「話」は、ことばで話したことや話すことを意味するので、部首が「ごんべん」になっています。

(28)「庫」はものを保管する場所を意味する漢字です。もとは車をしまう建物を意味していました。部首の「まだれ」は、建物に関係する漢字に用いられます。

## 9 日常生活でよく見る漢字⑧

本冊20ページ

❶

(1)みぎ (2)さんにん (3)じょうげ
(4)きゅうかいうら (5)やお (6)よんとう
(7)ひゃくてんまんてん (8)いつかかん
(9)ななひかり (10)ろくばん
(11)じっちゅうはっく[じゅっちゅうはっく]
(12)うえ (13)いっこくせんきん (14)にまいじた
(15)ひ (16)ひるま (17)とし
(18)しゅんかしゅうとう (19)そうちょう
(20)まんねんほけつ (21)にし (22)ようび
(23)ごり (24)ごご (25)ただい (26)かず・かぞ
(27)かいらん (28)なんぼく (29)ごじつ
(30)たいとう (31)こくないがい (32)きしょう
(33)たか (34)いま (35)けいさん (36)がくめん

❷

(1)左右 (2)三・子 (3)下 (4)九死・一生
(5)八 (6)四方 (7)百 (8)五 (9)七夕
(10)六本 (11)十人十色 (12)上達 (13)千年
(14)二言 (15)日光 (16)昼夜 (17)年配
(18)夏休み (19)朝飯前 (20)春一番 (21)万力
(22)冬 (23)東西 (24)土曜日 (25)千里
(26)午前中 (27)多く (28)回数 (29)北風
(30)千秋 (31)後 (32)台紙 (33)海外 (34)少ない
(35)南 (36)今度 (37)週刊誌 (38)算数 (39)半額
(40)高

### 解き方

❶

(3)「上」「下」はいずれも**指事文字**です。横棒の上下に置いた点の位置で、「うえ」と「した」という意味を表しています。

(18)「春夏秋冬」のように、同じ仲間の漢字がまとまって四字熟語になっているものがあります。こうした熟語はまとめて意味や読みを覚えましょう。

❷

(4)「九死に一生」とは、「九死に一生を得る」を略した言い方で、危ない所でかろうじて助かることを意味します。

(11)「十人十色」とは、人の性質や好みや考えはそれぞれ異なることを意味する四字熟語です。

(19)「朝飯前」は、朝食を食べる前のわずかな時間でもこなせてしまうこと、つまり「簡単にできること」という意味を表す慣用句です。

(30)「一日千秋」は、一日が千年のように感じられるという意味で、「待ち遠しい」という気持ちを表す四字熟語です。

## 10 日常生活でよく見る漢字⑨

本冊22ページ

❶
(1) でんわばんごう　(2) じっぷん[じゅっぷん]
(3) まいしゅう　(4) ないみつ　(5) まえ
(6) どけい　(7) くみきょく　(8) きょうか
(9) なんど　(10) むかし　(11) ちょうはん
(12) しんきゅう　(13) そと　(14) じてん
(15) しきてん　(16) かぞく　(17) いちらんひょう
(18) びょうそく　(19) しなもの　(20) うんどうぶ
(21) りんかんがっこう　(22) けいれつ
(23) じかんわり　(24) ばいりつ　(25) とうきゅう
(26) どりょう　(27) ざんとう　(28) よる
(29) ゆうぐ　(30) さっし　(31) せんじん　(32) そな
(33) ほくりくちほう　(34) しょうすう
(35) しくはっく　(36) とう・せい

❷
(1) 番地　(2) 分数　(3) 毎朝　(4) 内側　(5) 前半
(6) 時代　(7) 組む　(8) 科目　(9) 何回　(10) 昔話
(11) 一丁　(12) 学級　(13) 号外　(14) 今・昔　(15) 式
(16) 親族　(17) 第一印象　(18) 秒針　(19) 天下一品
(20) 部活　(21) 間　(22) 太陽系　(23) 割(り)引(き)
(24) 倍増　(25) 一等地　(26) 節度　(27) 徒党　(28) 晩
(29) 暮れる　(30) 三冊　(31) 先送り　(32) 外
(33) 春夏秋冬　(34) 二　(35) 朝食　(36) 八方美人
(37) 夜間　(38) 右往左往　(39) 上意下達　(40) 次

### 解き方

❶
(6)「時」の部首は「**ひへん**」といい、**時間に関係する漢字**によく用いられます。
(16)「族」は人の集団を意味する漢字です。軍隊の旗の下で団結をする人々に由来します。部首の「**かたへん(ほうへん)**」は、**旗に関係する漢字**によく用いられます。
(18)「秒」の部首は「**のぎへん**」といい、穀物の穂先《ほさき》を表しています。「秒」にも稲《いね》の穂先という意味があり、それが転じてわずかな時間を表すようになったといわれています。

❷
(26)「節」は「ふし」とも読みます。「たけかんむり」の漢字ですので、「竹には節がある」ことと結びつけて読みや意味を覚えましょう。
(36)「八方美人」とは、だれに対しても愛想《あいそ》よくそつなく接する様子を悪くいうときに用いる四字熟語です。
(39)「上意下達」とは、上位の人間の考えや命令を、下位の人間に徹底《てってい》させる様子を表す四字熟語です。

## 11 日常生活でよく見る漢字⑩

本冊24ページ

❶
(1) だいだんえん　(2) たの　(3) きりょく
(4) せいしゅん　(5) ちい　(6) せきめん
(7) はくし　(8) まじ　(9) なか　(10) はや
(11) たい　(12) ただ　(13) ふとめ　(14) くろぐろ
(15) まる　(16) えんちょう　(17) めいかく
(18) おおもの　(19) きいろ　(20) とお　(21) つよ
(22) ねもと　(23) ちか　(24) かんれい　(25) ばかず
(26) ちゃくしょく　(27) あたら
(28) じゃくにくきょうしょく　(29) おな
(30) わるぐち[わるくち・あっこう]
(31) やす　(32) せいし　(33) お　(34) うつく
(35) みじか　(36) はや

❷
(1) 円・劇場　(2) 音楽　(3) 一気　(4) 便利
(5) 青　(6) 小声・相談　(7) 赤く　(8) 細かい
(9) 交差　(10) 日中　(11) 早口　(12) 全問正解
(13) 太古　(14) 黒板　(15) 一丸　(16) 細長い
(17) 明らか　(18) 広大　(19) 黄金時代　(20) 遠近法
(21) 強化　(22) 元号　(23) 他・原因　(24) 弱く
(25) 場所　(26) 顔色　(27) 最新　(28) 楽観的
(29) 活動　(30) 同意　(31) 悪化　(32) 安全　(33) 暗い
(34) 死角　(35) 終点　(36) 美術　(37) 短期　(38) 速度
(39) 一列　(40) 力

## 解き方

❶
(3)「気」の部首は「**きがまえ**」といい、**わきあがる蒸気や雲の形**に由来します。「気」は水蒸気や気体、呼吸、活力などを意味します。

❷
(13)「太古」とは、非常に遠い昔のことです。
(34)「死角」とは、特定の角度からは見えない範囲《はんい》のことです。

## 12 日常生活でよく見る漢字⑪

本冊26ページ

❶
(1) さむざむ　(2) おも　(3) しょちゅう
(4) ふか　(5) おう　(6) おうてん　(7) ゆ
(8) そくめん　(9) みどりいろ　(10) あたた
(11) はん　(12) たか　(13) あ　(14) きゅうこう
(15) ひゃくぶんりつ　(16) くしん　(17) しあわ
(18) おも　(19) こと　(20) まじめ　(21) きず
(22) ぜったいおんかん　(23) しず　(24) さま[よう]
(25) しょうじき　(26) ころ　(27) たいしょうてき
(28) わふう　(29) まっせき[ばっせき]
(30) じゆう　(31) じかいよこく　(32) いさ
(33) もくてき　(34) み　(35) お　(36) ひく

❷
(1) 寒波　(2) 重病　(3) 暑さ　(4) 深海　(5) 中央
(6) 横　(7) 湯気　(8) 文面　(9) 緑地　(10) 体温
(11) 化学反応　(12) 最高　(13) 開場　(14) 急ぎ
(15) 軽い　(16) 苦い　(17) 幸福　(18) 主要　(19) 事情
(20) 真実　(21) 負傷　(22) 物音　(23) 平静　(24) 様子
(25) 直線　(26) 転機　(27) 反対　(28) 昭和　(29) 末代
(30) 由来　(31) 予定　(32) 勇気　(33) 取り次ぐ
(34) 不満　(35) 老後　(36) 連続　(37) 低気圧
(38) 底・無い　(39) 未完　(40) 的

## 解き方

❶
(22)「絶対音感」とは、音の高さを他の音と比較《ひかく》せずに認識《にんしき》できる能力のことです。

❷
(2)「病」の部首は「**やまいだれ**」といい、**病気に関係する漢字**で用いられます。
(4)「深」は水の底が深い様子に由来します。
(7)「湯」は熱でわかした水なので、水に関係があります。部首が「さんずい」になっていることを確認《かくにん》しましょう。
(34)「**不**」・(39)「**未**」のように、**打ち消しの意味の熟語をつくる漢字**を合わせておさえておきましょう。
(38)「底」の部首は「**まだれ**」で、**広くなっている部分に関係する漢字**に用いられることが多いことに注目しましょう。

## 13 日常生活でよく見る漢字⑫

本冊28ページ

❶
(1) けんぜん　(2) ち・みだ　(3) のこ　(4) ふろく
(5) ふんきざ　(6) まわ　(7) かんたん
(8) りよう　(9) つめ　(10) きよ　(11) わか
(12) ひつぜん　(13) なかま　(14) もけい　(15) か
(16) あさ　(17) かた　(18) とくべつ　(19) ひりつ
(20) せいちょう　(21) たんさんいんりょう
(22) あっしょう　(23) かり　(24) ふたた
(25) こんざつ　(26) ぎゃくせつてき　(27) そんけい
(28) ひはん　(29) ひてい　(30) こと　(31) こうふん
(32) そんぼう　(33) こうよう　(34) かいかく
(35) こま　(36) くつう

❷
(1) 健康　(2) 散乱　(3) 残高　(4) 付く　(5) 分別
(6) 周辺　(7) 単発　(8) 利害　(9) 冷静　(10) 清潔
(11) 続ける　(12) 必ず　(13) 仲　(14) 型通り
(15) 欠席　(16) 特権　(17) 固定　(18) 変化
(19) 比べる　(20) 雑木林　(21) 酸素　(22) 高圧的
(23) 仮説　(24) 再会　(25) 混む　(26) 展示　(27) 異論
(28) 尊重　(29) 良質　(30) 否　(31) 秘密　(32) 奮い
(33) 尊い　(34) 親孝行　(35) 革命　(36) 困難
(37) 担当　(38) 少数派　(39) 痛み　(40) 逆転

## 解き方

❶

(1)「健」は「にんべん」と「建(ケン)」を合わせた**形声文字**です。

(28)「批」は、是非《ぜひ》や優劣《ゆうれつ》を決めることという意味の漢字です。

## 14 まとめのテスト②

本冊30ページ

❶

(1) ①まいとし ②いってい ③むかし ④さまざま ⑤けんこう ⑥せいちょう ⑦しろざけ ⑧たなばた ⑨しゅうかん ⑩じゅうご ⑪ちゅうしゅう ⑫さいご ⑬かぞく

(2) A時 B四 C節 D活 E春 F祭 G供 H夏 I度 J冬 K多 L新 M細

❷

(1) ①がっきゅう ②きゅうぎ ③たすう ④しあい ⑤ちゃ ⑥ざつねん ⑦はた ⑧ようす

(2) A六月八日 B聞こえ C除く D楽しみ

(3) ①いとへん ④ごんべん ⑤くさかんむり ⑧きへん

## 解き方

❶

(1)⑧「七夕」は「七」を「たな」、「夕」を「ばた」と分けて読むことはできず、熟語全体を「たなばた」と読みます。このような読み方を**熟字訓**といいます。「昨日《きのう》」や「今日《きょう》」などの読みも熟字訓にあたります。

## 15 文章によく出てくる漢字①

本冊32ページ

❶

(1)かわら (2)かんせんどうろ (3)てつぶん (4)りんかんがっこう (5)じゅりつ (6)いずみ (7)さとう (8)きう (9)どうか (10)げんざいりょう (11)はつねつ (12)たまご (13)ふうちょう (14)ざっこく (15)じしゃく (16)しせい (17)せかいちず (18)はいいろ

❷

(1)河・潮 (2)鉄・銅 (3)砂・磁 (4)樹・材 (5)宇・宙[(1)〜(5)はそれぞれ順不同] (6)熱 (7)灰 (8)間 (9)姿 (10)卵 (11)穀 (12)幹

❸

(1)運河 (2)幹 (3)鉄鉱石 (4)林 (5)樹液 (6)温泉地 (7)砂 (8)宇宙 (9)銅像 (10)材木 (11)熱い (12)輸出 (13)潮 (14)穀物 (15)磁針 (16)姿 (17)世紀 (18)石灰岩 (19)潮流 (20)熱

❹

(1)氵・さんずい (2)干・かん (3)門・もんがまえ (4)火・ひ (5)木・きへん (6)水・みず (7)石・いしへん (8)宀・うかんむり (9)卩・ふしづくり (10)宀・うかんむり (11)氵・さんずい (12)禾・のぎ (13)石・いしへん (14)女・おんな (15)金・かねへん (16)灬・れんが[れっか] (17)金・かねへん (18)木・きへん

## 解き方

❶

(3)「鉄」や(9)「銅」のように、金属に関係する漢字は部首が「かねへん」になっていることを確認《かくにん》しましょう。

❷

(4)の「材」はものをつくる材料となる**木を表す漢字**であり、部首が「**きへん**」になっています。

(5)「宙」は空という意味です。部首の「**うかんむり**」は屋根で覆《おお》われた家をかたどったもので、**住居や空間に関係する漢字**に多く用いられます。

(6)の「**れんが[れっか]**」も(7)の「**ひ**」も、**火に関係する漢字**に多く使われる部首です。

## 16 文章によく出てくる漢字❷

本冊34ページ

❶
(1) ほとけ (2) しじ (3) ふじんふく (4) ふさい
(5) せいしつ (6) がんきゅう (7) した
(8) りっしでん (9) はいご (10) しんぱいきのう
(11) くうふく (12) よっきゅう
(13) こくおうへいか (14) われ (15) かくぎ
(16) きょうちゅう (17) ぞうき (18) りこてき
(19) だいぶつ (20) はんこつせいしん (21) ししん
(22) こうごう (23) しょうぐん (24) しゅうじん
(25) すじみち (26) ずのう (27) けんさつかん
(28) はら (29) なさ (30) しれいぶ (31) きぼね
(32) ほうおう (33) きんりょく (34) とうどり
(35) むね (36) かんじょう

❷
(1) 仏教 (2) 教師 (3) 婦 (4) 妻 (5) 性格
(6) 観察眼 (7) 舌 (8) 志 (9) 筋 (10) 肺 (11) 腹
(12) 私 (13) 陛下 (14) 我 (15) 内閣 (16) 胸
(17) 心臓 (18) 自己 (19) 妻子 (20) 骨 (21) 私生活
(22) 皇太子 (23) 主将 (24) 公衆 (25) 筋肉
(26) 首脳 (27) 志願者 (28) 満腹 (29) 官 (30) 情報
(31) 背景 (32) 知識欲 (33) 仏 (34) 社長夫人
(35) 度胸 (36) 情け (37) 骨子 (38) 夫 (39) 眼下
(40) 背

### 解き方

❶ **体に関する漢字**には、「にくづき」がよく用いられます。(9)「背」・(10)「肺」・(11)「腹」・(16)・(35)「胸」・(17)「臓」・(26)「脳」はいずれも部首が「にくづき」です。(8)「志」のように、**心に関係する漢字の部首**は、「したごころ」が多いことに注目しましょう。

## 17 文章によく出てくる漢字❸

本冊36ページ

❶
(1) けいさつかん (2) しけん (3) せっ
(4) つく (5) おりもの (6) はんこう
(7) かんせい (8) のうき (9) もしゃ
(10) ゆそう (11) ていき (12) かいとう
(13) ろうりょく (14) きょうじゅ (15) りっ
(16) か (17) せいたん (18) しょうふく
(19) ひょうか (20) つと (21) おうふく (22) す
(23) かほご (24) とうろん (25) さが (26) よきん
(27) えんちょう (28) おさ (29) けっさい
(30) はいかんりょう (31) ゆうらんせん
(32) りんかいぶ (33) がっそう (34) そうちゃく
(35) ちょめい (36) はそん

❷
(1) 警備 (2) 責任 (3) 応接室 (4) 創設
(5) 織 (6) 犯罪 (7) 不慣れ (8) 収納
(9) 模造紙 (10) 貿易 (11) 大統領 (12) 解散
(13) 断定 (14) 授業 (15) 法律・改正 (16) 飼育
(17) 誕生日 (18) 伝承 (19) 評判 (20) 勤労
(21) 往来 (22) 経過 (23) 看護 (24) 検討 (25) 探査
(26) 預ける (27) 訪問・延ばす (28) 修学旅行
(29) 裁判所 (30) 拝む (31) 観覧席 (32) 臨機応変
(33) 演奏 (34) 補佐 (35) 安全装置 (36) 著作権
(37) 張 (38) 反射 (39) 破・捨 (40) 提案

### 解き方

❶ **手を使った動作**を表す漢字に、「てへん」が多く用いられていることを確認《かくにん》しましょう。たとえば、(3)の「接」は「触《ふ》れる」、(11)の「提」は「持つ」や「差し出す」といった意味があります。

❷ (21)の「往」は「行く」という意味があります。「ぎょうにんべん」が移動を表す漢字に用いられていることを確認しましょう。(32)「臨機応変」とは、その時々の状況《じょうきょう》に応じて適した手段をとることを意味する四字熟語です。

## 18 文章によく出てくる漢字❹

本冊38ページ

❶
(1)しょうりゃく (2)か (3)まいご
(4)じゅけん (5)しゅうしょく
(6)らっかそくど (7)きしょく (8)こうすい
(9)きょうきゅう (10)ほうい (11)しこう
(12)せんてい (13)えんかい (14)ろんじゅつ
(15)いどう (16)せんこく (17)こうち
(18)かくちょう (19)いしき (20)さいしゅ
(21)さんじ (22)せいり (23)うやま
(24)かいへん (25)あ (26)べんろん
(27)しきしゃ (28)けんちく (29)えいしゃき
(30)しりぞ (31)きしゅくがっこう (32)みちび
(33)そうさ (34)たいしょ (35)ぼうえいはくしょ
(36)すいちょく

❷
(1)省く (2)貸す (3)迷う (4)試験 (5)去就
(6)落ちる (7)喜ぶ (8)保護 (9)供える
(10)囲む (11)風向き (12)選ぶ (13)染める
(14)述べる (15)移す (16)宣言 (17)耕す
(18)拡大 (19)知識 (20)採用 (21)賛同 (22)整備
(23)敬意 (24)編集者 (25)存在 (26)弁護士
(27)指揮・従う (28)築く (29)映画館 (30)退任
(31)寄り道 (32)指導 (33)映す (34)処断
(35)防護服 (36)垂れる (37)降りる (38)招く
(39)供 (40)選挙

### 解き方

❶
(2)「貸」の部首は「かい」で、「かいへん」と同じように、お金に関係する漢字に用いられることが多いことに注目しましょう。
(11)「志向」とは、意識を特定の方向に向けることです。
(31)の「寄」は、「うかんむり」と音を表す「奇《き》」が組み合わさっており、**形声文字**になっています。
(35)の「白書」は、政府が外交・経済・教育などの各分野について現状や課題をまとめた報告書のことで、官公庁の公式サイトで読むことができます。

❷
(2)「貸す」と「借りる」をまちがえないように注意しましょう。
(34)「処断」とは、結論を出して処置を決めることです。
(40)「挙」の部首は「**て**」で、(27)「指」「揮」の「てへん」と同じように、**手の動作**を表します。

## 19 文章によく出てくる漢字❺

本冊40ページ

❶
(1)こうざい (2)めんか (3)つみ
(4)どうどう (5)ぼせき[はかいし] (6)ほうふ
(7)ざいさん (8)はくちゅうむ (9)けんばいき
(10)こせん (11)しゃおんかい (12)うんえい
(13)しゅえい (14)ぶっし (15)こうしゃ
(16)きこう (17)りょういき (18)せいじか
(19)きぞく (20)かくしょう (21)かんこう
(22)ぎじゅつ (23)はいじん (24)はんべつ
(25)めいやく (26)かんとう (27)こきょう
(28)げきてき (29)しゃそう (30)はんけん
(31)やちん (32)きぬ (33)けんり (34)しょめい
(35)はり (36)さくし

❷
(1)功 (2)綿毛 (3)班 (4)堂 (5)墓 (6)富
(7)財宝 (8)歌詞 (9)定期券 (10)銭湯
(11)恩返し (12)営業 (13)衛生面 (14)投資価値
(15)庁舎 (16)構造 (17)領地 (18)政策 (19)規制
(20)証明 (21)新刊 (22)球技大会 (23)俳句
(24)夢 (25)同盟 (26)巻く (27)郷土料理
(28)時代劇 (29)窓 (30)最新版 (31)賃金体系
(32)絹糸 (33)権限 (34)憲法 (35)鋼鉄
(36)城下町 (37)警察署 (38)教育方針 (39)雑誌
(40)罪

## 解き方

❶
(2)「綿」のように、**糸に関係する漢字の部首**は「いとへん」が多いことに注目しましょう。ものを表す漢字は、その素材を表す部首をふくんでいることが多いので、確認《かくにん》しながら覚えていきましょう。

❷
(35)「鋼」は「はがね」とも読み、鉄を鍛《きた》えてさらに硬《かた》くした金属のことです。

## 20 文章によく出てくる漢字⑥

本冊42ページ

❶
(1) じゅこう (2) いご (3) にってい
(4) いちじいっく (5) りょう (6) くらい
(7) じゅんばん (8) きんとう (9) ふくごうてき
(10) じこく (11) はんけい
(12) こくさいこうりゅう (13) しゃくはち
(14) かぶしきがいしゃ (15) ちいき (16) まいきょ
(17) よくしゅう (18) りょうほう (19) よち
(20) かいだん (21) ぜんちょう (22) へ
(23) すいじゅん (24) おくまんちょうじゃ
(25) しんきゅう (26) すんぜん (27) みっしゅう
(28) さくねん (29) じょうけん (30) たがく
(31) じけん (32) きじつ (33) ぶんしょう
(34) ひたい (35) げんしょう (36) ぞうだい

❷
(1) 講義 (2) 以来 (3) 三件 (4) 程度 (5) 文句
(6) 量る (7) 順位 (8) 序列 (9) 平均点
(10) 数値 (11) 複数 (12) 条文 (13) 一刻 (14) 直径
(15) 際限 (16) 縮尺率 (17) 株 (18) 域 (19) 枚数
(20) 翌朝 (21) 八両 (22) 十・余る (23) 二階
(24) 三兆円 (25) 減退 (26) 準備 (27) 一億円
(28) 復旧 (29) 寸法 (30) 密林 (31) 尺度 (32) 昨日
(33) 各自 (34) 金額 (35) 期間 (36) 一個 (37) 増加
(38) 刻む (39) 重複 (40) 順序

## 解き方

❶
(4)「一字一句」と同じような意味で使われることばに「一言一句」があります。
(13)「尺」は昔使われていた長さの単位で、約三〇・三センチメートル。ものの長さや物差しのことを指す場合もあります。
(26)「寸」も「尺」と同様に、昔使われていた長さの単位です。「寸」は「尺」の十分の一の小さな単位で、短い時間という意味を表すこともあります。

❷
(39)「重複」とは、同じ物事が重なることで、「じゅうふく」とも読みます。

## 21 文章によく出てくる漢字⑦

本冊44ページ

❶
(1) げきか (2) きず (3) やさ (4) せんねん
(5) えきじょうか (6) こうちゃ (7) きそく
(8) かきげんきん (9) さいがい (10) どくりつ
(11) けわ (12) せいけつ (13) なんかい
(14) かんたん (15) そうりょく (16) ようしょうき
(17) ひだい (18) しゅくが (19) かいちょう
(20) ふじゅんぶつ (21) やっこう (22) む
(23) どくせい (24) も (25) きょよう
(26) かのうせい (27) たそう (28) いきお
(29) せいしん (30) さいこう (31) なが (32) ぜっ
(33) こっきょうせん (34) げんかく (35) まず
(36) こころよ

❷
(1) 激しい (2) 損傷 (3) 容易 (4) 専門家
(5) 有益 (6) 一大勢力 (7) 口紅 (8) 校則
(9) 禁止 (10) 火災 (11) 単独 (12) 非常 (13) 危険
(14) 潔白 (15) 困難 (16) 簡素 (17) 総勢 (18) 幼い
(19) 肥満 (20) 格段 (21) 年賀状 (22) 快活
(23) 純 (24) 群・効果 (25) 境界線 (26) 盛
(27) 許可 (28) 層・厚い (29) 精査 (30) 興味
(31) 永久 (32) 仁義 (33) 絶対的 (34) 血液
(35) 厳しい (36) 難しい (37) 困 (38) 効
(39) 許す (40) 毒

### 解き方

❷

(14)「潔白」は、けがれておらず、また、後ろめたいことがない様子を表すことばです。

(20)「格段」は、程度が非常に大きいことを意味することばです。

(24)「抜群《ばつぐん》」は、「群」を「抜《ぬ》」く、つまりほかの多くのものと比べてとくにすぐれているという意味を表します。

(32)「仁義」は、人間として守るべき道徳という意味です。「仁」には思いやりという意味があり、「義」には人間として行うべき道という意味があります。

## 22 文章によく出てくる漢字⑧

本冊46ページ

❶

(1) こい (2) げんじつ (3) きぞく
(4) りゃくしき (5) あやま (6) るす
(7) あいぼう (8) かん (9) えいぶん
(10) ふくしゃちょう (11) そうじゅう (12) なみ
(13) ちょうてん (14) ちぢ (15) ぞう
(16) くんどく (17) しょく (18) ぎじゅつ
(19) あな (20) きよう (21) えんしゅつか
(22) いさん (23) さっしん (24) みだ (25) ぐんぶ
(26) ぎむ (27) ふくしゅう (28) しょこく
(29) しょうがい (30) かたて (31) ごじ (32) と
(33) なら (34) らんざつ (35) いただき
(36) しゅくしょう

❷

(1) 事故 (2) 再現 (3) 貴重 (4) 計略 (5) 誤解
(6) 留意 (7) 棒 (8) 干 (9) 英語 (10) 副読本
(11) 縦 (12) 並べる (13) 登頂 (14) 短縮
(15) 群像劇 (16) 教訓 (17) 就職 (18) 片側
(19) 学術用語 (20) 障子 (21) 紀元前 (22) 演技力
(23) 遺跡 (24) 印刷 (25) 混乱 (26) 務める
(27) 復員 (28) 諸外国 (29) 支障 (30) 故事成語
(31) 現れる (32) 誤り (33) 留める (34) 縦断
(35) 並木 (36) 縮む (37) 遺失物 (38) 乱れる
(39) 職務 (40) 穴

### 解き方

❶

(20)「紀要」は、教育機関や研究機関などが定期的に刊行する学術雑誌のことです。

❷

(10)「副読本」とは、特定の本に対して副次的な参考として用いられる本のことです。

(15)「群像劇」とは、複数の登場人物を主人公とし、一人一人の物語を交互《こうご》に進行させていく形式の物語のことです。

## 23 文章によく出てくる漢字⑨

本冊48ページ

❶

(1) あたた (2) かくしん (3) じきゅうりょく
(4) きばん (5) こじん (6) かぎ (7) ゆうげん
(8) きふじん (9) ろうどく (10) じゅくご
(11) えいこう (12) おんだん (13) せいいき
(14) せいい (15) わかぎ (16) さいぜん
(17) ひさ (18) すいげん (19) しこう
(20) せんもんか (21) めいろう (22) ねう
(23) ちゅうせいしん (24) かくてい (25) いた
(26) ゆうしょう (27) せいじつ (28) ぜんい
(29) かち (30) しんせい (31) せんぞく
(32) こべつしどう (33) みなもと (34) きちょう
(35) わかくさいろ (36) さか

❷

(1) 暖冬 (2) 裏表 (3) 基本 (4) 個性 (5) 上限
(6) 貴金属 (7) 忠告 (8) 熟 (9) 優美
(10) 暖める (11) 聖地 (12) 忠誠 (13) 若者
(14) 善悪 (15) 根源的 (16) 必至 (17) 専念
(18) 朗報 (19) 値 (20) 個室 (21) 無限
(22) 光栄 (23) 忠義 (24) 永久 (25) 限り
(26) 兄貴分 (27) 平均値 (28) 優位 (29) 円熟
(30) 暖衣 (31) 誠心誠意 (32) 善処 (33) 至福
(34) 源泉 (35) 朗々 (36) 若手 (37) 専売特許
(38) 値札 (39) 至れり (40) 裏

## 解き方

❶

(19)「至高」とは、この上ない高みにありすぐれていることです。

(21)「明朗」には、うそやごまかしがなく公正であるという意味と、性格がほがらかで明るい様子という二つの意味があります。

❷

(15)「根源的」とは、物事を成立させるおおもとになっている様子という意味のことばです。

(16)「必至」とは、起こることを避《さ》けられないという意味のことばです。

(26)「兄貴分」とは、年長の男性が親しくたよりがいのある様子を指していうことばです。

(29)「円熟」とは、技術や人格などが熟達し、豊かな境地に達している様子を意味することばです。

(30)「暖衣飽食《だんいほうしょく》」とは、暖かい衣服を着て飽《あ》きるほど食べることで、何ら不足のない生活を意味します。

(32)「善処」とは、うまく適切に対処することを意味することばです。

(37)「専売特許」とは、独占的《どくせんてき》な販売権《はんばいけん》を意味することばです。転じて、人や企業《きぎょう》などが得意とする技術や方法などについていうこともあります。

## 24 まとめのテスト③

本冊50ページ

❶

(1) ①世紀 ②世 ③失って ④減って ⑤現状 ⑥優 ⑦難関 ⑧知識 ⑨構わ ⑩成績

❷

(1) ①かんげき ②こうえんにちじ ③きんがく ④かんらんせき ⑤さい ⑥しょうめいしょ ⑦ゆめ

(2) A 迷っ B 非日常 C 雑誌 D 俳優 E 窓口 F 退場

(3) ①りっとう ②さんずい ⑥ごんべん ⑦くさかんむり

(4) にんべん…D つちへん…F［順不同］

### 解き方

❶

(1)⑥「優秀《ゆうしゅう》」は、ほかよりも一段とすぐれていることという意味のことばです。「優」は「優《すぐ》れる」、「秀」は「秀《ひい》でる」とも読む漢字で、どちらも同じような意味を表します。

❷

(4) Dの「俳」も「優」も、ともに「にんべん」がふくまれています。Fは「場」に「つちへん」がふくまれています。

## 25 中学校で習う音訓①

本冊52ページ

❶

(1)うか (2)は (3)その (4)しいん (5)もと
(6)けしん (7)け (8)あたい (9)げし
(10)しゅうか (11)じが (12)かい (13)げどう
(14)かいどう (15)ほんがわ (16)さ (17)ひもの
(18)まなこ (19)あや (20)もと
(21)とうと［たっと］ (22)うつわ (23)わざ
(24)りょかくき［りょかっき］ (25)きゅうじゅつ
(26)きわ (27)ひきゅう (28)じんぐう
(29)いっけいえん (30)むなげ (31)ごうじょう
(32)ざいごう (33)きそ (34)ぎけい
(35)きょうてん［けいてん］ (36)と

❷

(1)羽毛 (2)映える (3)花園 (4)母音 (5)下
(6)化 (7)仮病 (8)値 (9)夏至 (10)出荷
(11)我 (12)石灰岩 (13)整形外科 (14)街道
(15)革 (16)割 (17)干潟 (18)眼 (19)危ぶむ
(20)基 (21)貴ぶ［尊ぶ］ (22)器 (23)研 (24)客
(25)弓道部 (26)究める (27)号泣 (28)宮司
(29)京 (30)胸元 (31)強引 (32)強いる (33)水郷
(34)境内 (35)競 (36)極める (37)父兄 (38)経
(39)軽やか (40)技

**解き方**

❶
(6)「化身《けしん》」とは、神仏などが姿を変えて形をとって現れることを意味することばです。
(7)「虚仮《こけ》にする」とは、ばかにしてあなどるという意味のことばです。
(11)「自我《じが》」とは、自分自身に対する意識や観念を意味することばです。
(13)「外道《げどう》」とは、仏教徒から見た仏教以外の教えやその信者を指すことばです。また、道理に背《そむ》く考えや行い、人物に対して用いられることがあります。
(27)「悲泣《ひきゅう》」とは、悲しみ泣くことです。
(29)「京《けい》」は10の16乗を示す数の単位です。

❷
(4)「母音《ぼいん》」は、呼気が舌やくちびるでさえぎられずに発音できる音のことです。日本語では「ア」「イ」「ウ」「エ」「オ」の五音が母音になります。
(9)「夏至《げし》」とは、北半球で昼が一番長くなる日のことです。
(17)「干潟《ひがた》」とは、海岸で潮が引くと現れる泥地《でいち》や砂地のことです。
(24)「刺客《しかく》」とは、暗殺の任務をもって送り込《こ》まれる人物のことです。
(33)「水郷《すいごう》地帯」とは、河川や湖沼《こしょう》のほとりで発達した村里のことです。

## 26 中学校で習う音訓②

本冊54ページ

❶
(1) すこ (2) おおやけ (3) か (4) さち
(5) こうせいろうどうしょう
(6) くれない[べに] (7) おごそ (8) き
(9) ゆえ (10) こうが (11) はがね (12) こく
(13) こきんわかしゅう (14) じゃり (15) すわ
(16) わざわ (17) た (18) さいふ (19) うじ
(20) しまい (21) だめ (22) し (23) おおあざ
(24) しだい (25) じもく (26) きんじち
(27) しょうに (28) や (29) むろまちじだい
(30) ひとじち (31) あやま (32) じゃっかん
(33) た (34) もり (35) さんかくす (36) つど

❷
(1) 健やかに (2) 集う (3) 交わす (4) 幸
(5) 重厚 (6) 紅 (7) 試す (8) 厳かな
(9) 知己 (10) 己 (11) 故 (12) 黄砂 (13) 鋼 (14) 谷
(15) 今上 (16) 土砂 (17) 座る (18) 災い (19) 裁
(20) 財布 (21) 氏神 (22) 姉妹 (23) 紅 (24) 図示
(25) 字 (26) 次第 (27) 耳鼻科 (28) 相似
(29) 小児科 (30) 辞める (31) 室 (32) 質 (33) 謝る
(34) 若年層 (35) 手 (36) 子守 (37) 中州 (38) 修行
(39) 就 (40) 公

**解き方**

❶
(2)「公《おおやけ》」とは、個人の立場を離《はな》れた国家や社会全体にかかわることを意味することばです。
(10)「黄河」は、中国北部を流れる、世界有数の河川の名。
(23)「大字《おおあざ》」や「字」は村落の区画を示す名称《めいしょう》で、地名や住所に見られます。
(32)「若干《じゃっかん》」とは、あまり多くはない数量を表すことばです。

❷
(8)「厳《おごそ》かな」とは、いかめしく威厳《いげん》があり近寄りがたい様子や、礼儀《れいぎ》正しく重々しい様子を意味することばです。
(12)「黄砂《こうさ》」とは、黄色い砂のことで、とくに、春の日本で中国大陸から飛来する砂ぼこりのことを指します。
(15)「今上《きんじょう》天皇」とは、在位中の天皇を指すことばです。
(28)「相似《そうじ》」とは、ある図形を拡大や縮小すると他の図形と一致《いっち》するような関係のことをいいます。また、単に似ていることを意味する場合にも「相似」ということばを用いる場合があります。

## 27 中学校で習う音訓③

本冊56ページ

❶

(1)う (2)すいとうがかり (3)そ
(4)にょにんきんせい (5)すけ (6)じもく
(7)うけたまわ (8)えがお (9)あきな
(10)まさ (11)いた (12)のぼ (13)む
(14)しんこくしょ (15)かんぬし
(16)におうぞう (17)はか (18)お
(19)あおてんじょう (20)お (21)き (22)こわね
(23)しょうね[しょうこん] (24)みょうじょう
(25)かえり (26)ぜんせいき (27)ぶしょう
(28)まこと (29)せき (30)ひゃくまんごく
(31)いっさいがっさい (32)どくぜつか
(33)せん (34)もっぱ (35)しんせん (36)いくさ

❷

(1)熟れる (2)出納帳 (3)書き初め
(4)男女 (5)女神 (6)戦 (7)除 (8)承る
(9)笑 (10)商う (11)勝る (12)傷んだ
(13)上せる (14)蒸し暑い (15)申 (16)神主
(17)仁王 (18)図る (19)推 (20)天井
(21)生い立ち (22)生 (23)声色 (24)性分
(25)明星 (26)省みる (27)盛大 (28)盛んだ
(29)誠 (30)精進 (31)静脈 (32)一朝一夕
(33)石高 (34)今昔 (35)一切 (36)弁舌
(37)河川 (38)専ら (39)浅学 (40)助

### 解き方

❶

(2)「出納係《すいとうがかり》」とは、現金の入出金を管理する係のことです。

(4)「女人禁制《にょにんきんせい》」とは、寺院などへの女性の立ち入り禁止を意味することばです。

(6)「除目《じもく》」とは、平安時代の宮中で行われていた、官職を任命する年中行事です。

(16)「仁《に》王像《おうぞう》」とは、仏法の守護神として寺院などに安置される像のことです。

(19)「青天井《あおてんじょう》」とは、ものの値段などが際限なく上がることです。

(24)「明星《みょうじょう》」とは、明るく輝《かがや》く金星のことです。また、光彩《こうさい》を放つ人物を指すことばとして用いられることがあります。

(27)「無精《ぶしょう》」とは、面倒《めんどう》くさがり骨を惜《お》しむ様子を意味することばです。

❷

(30)「精進《しょうじん》」とは、一心に仏道の修行《しゅぎょう》をすることです。また、行いを慎《つつし》んだり努力を重ねることにも用いられることがあります。

(33)「石高《こくだか》」とは、昔の日本で、土地の生産力を米の量で示した単位です。

## 28 中学校で習う音訓④

本冊58ページ

❶

(1)せん (2)すかんぴん (3)ぜに
(4)くら (5)すみ (6)そっちょく (7)そこ
(8)つい (9)せけんてい (10)たい (11)しろ
(12)てさぐ (13)さてん (14)ちゅう (15)あらわ
(16)いちじる (17)てい (18)ととの (19)でし
(20)てさ (21)たく (22)たびたび (23)う
(24)かしら (25)う (26)ちきょうだい
(27)にんてい (28)なっとう (29)そむ
(30)ばくがとう (31)ほっきにん
(32)たんもの (33)つい (34)び (35)や
(36)くふう

❷

(1)伝染病 (2)素足 (3)小銭 (4)夫婦
(5)速やかな (6)率先 (7)損なう (8)一対
(9)体裁 (10)貸借 (11)代物 (12)探る
(13)断たれる (14)値 (15)茶道 (16)仲
(17)著す (18)著しい (19)丁重 (20)調える
(21)弟子 (22)提げる (23)支度 (24)度 (25)討
(26)頭 (27)童歌 (28)得 (29)乳 (30)確認
(31)納得 (32)背ける (33)麦酒 (34)発 (35)一反
(36)費やす (37)鼻 (38)病 (39)貧富 (40)蔵

## 解き方

❶
(2)「素寒貧《すかんぴん》」とは、貧しく何も持たない様子を意味することばです。
(4)「蔵元《くらもと》」とは、日本酒や醤油《しょうゆ》の製造元のことです。
(30)「麦芽糖《ばくがとう》」とは、でんぷんを酵素《こうそ》で分解してつくられた糖類のことです。
(31)「発起人《ほっきにん》」とは、初めに事を思い立って企《くわだ》てた人のことです。
(32)「反物《たんもの》」とは、着物を仕立てる前の状態の布地のことです。

## 29 まとめのテスト❹

本冊60ページ

❶
(1) ①あや ②いっさい ③ひあ ④きわ ⑤すけ ⑥じゃっかん ⑦む ⑧すがお
(2) ①静脈 ②鋼 ③仁王 ④蔵 ⑤弟子 ⑥胸 ⑦羽毛 ⑧感染
(3) ①ウ ②イ ③ア ④ウ ⑤ア ⑥ウ

❷
(1) ①園 ②映える ③紅 ④著した ⑤頭 ⑥承り ⑦干物 ⑧納豆
(2) Aそ Bいっさいがっさい Cお Dさち Eしょうじん
(3) くさかんむり…④ おおがい…⑤

## 解き方

❶
(3)④ウの「灰燼《かいじん》に帰する」は「跡形《あとかた》もなく燃え尽《つ》きてしまう」という意味の慣用表現です。

❷
(3)⑤「頭」の部首は「頁」の部分で、「おおがい」といいます。

## 30 日常生活でよく見る漢字❶

本冊62ページ

❶
(1)じっし (2)に (3)しおひが (4)おそ
(5)じょうしょう (6)そしょう (7)ふ
(8)しょうがくきん (9)ふ (10)そうしょく
(11)けいたい (12)しんにゅう (13)ふ
(14)しんさつ (15)しゅうしん (16)じんぞう
(17)きゅうけい (18)せっとう (19)うらな
(20)へんこう (21)せいそう (22)や
(23)おおさわ (24)たいきゅうせい
(25)しょうだく (26)だったい (27)こうはい
(28)かんよ (29)ひふ (30)はんばい
(31)かんばんむすめ (32)だれ (33)いだ
(34)はだ (35)わきばら (36)うでどけい

❷
(1)白雪姫 (2)悟る (3)悔やむ (4)目尻
(5)勾留 (6)体脂肪率 (7)抵抗 (8)王妃
(9)換える (10)巡回 (11)刈 (12)懸ける
(13)恥じる (14)睡眠 (15)吐き出す (16)監視
(17)攻守 (18)恩恵 (19)脊髄 (20)謁見 (21)胸椎
(22)爪先 (23)迫る (24)匂わせる (25)魔力
(26)購入 (27)婚姻 (28)催し (29)索引
(30)特撮映画 (31)執務室 (32)伸びる (33)炊
(34)潜る (35)捜す (36)葬式 (37)贈る
(38)代替品 (39)貼 (40)洗濯

## 解き方

❶
(8)「奨学金《しょうがくきん》」とは、学術研究のために研究者に与《あた》えられる資金や、学費として学生に貸し出される資金のことです。
(33)「抱く」は、考えや感情をもつという意味の場合は「だく」ではなく「いだく」と読みます。

❷
(5)「勾留《こうりゅう》」とは、被疑者《ひぎしゃ》や被告人の身柄《みがら》を拘束《こうそく》し、施設《しせつ》などにとどめることです。
(20)「謁見《えっけん》」とは、身分の高い人や目上の立場の人に会うことです。
(30)「特撮《とくさつ》」とは、「特殊撮影《とくしゅさつえい》」の略で、特殊撮影技術を用いた映像作品分野を指すことばとして用いられることがあります。
(35)見えなくなってしまったものをさがす場合には「探」ではなく「捜」の字をあてることが多いことに注意しましょう。

## 31 日常生活でよく見る漢字②

本冊64ページ

❶
(1) かせ (2) か (3) きょうせい (4) おとさた
(5) さぎ (6) しぼ (7) ばんしゃく
(8) おもむき (9) こぶし (10) めいしょう
(11) けしょう (12) ひょうしょう (13) しょうどう
(14) つぐな (15) しんし (16) せっしょく
(17) きゅうせい (18) むこ (19) しんせき (20) ねら
(21) そうにゅうか (22) うなが (23) たくいつ
(24) ちゅうりんじょう (25) しちょうしゃ
(26) わた (27) とうじょう (28) かんとく (29) つ
(30) はいしゅつ (31) はくしゅ
(32) ひなんくんれん (33) かつやく (34) こし
(35) ちりょう (36) けんしんてき

❷
(1) 肝臓 (2) 掘 (3) 滑車 (4) 仰天 (5) 輝く
(6) 肩 (7) 挨拶 (8) 隠匿 (9) 環境破壊
(10) 包括的 (11) 及ぶ (12) 棄却 (13) 脚
(14) 掲げる (15) 嫁ぐ (16) 援助 (17) 控除
(18) 繰り越す (19) 企て (20) 取(り)扱(い)
(21) 紹介 (22) 献血 (23) 詣でる (24) 押 (25) 請求
(26) 尿検査 (27) 損害賠償 (28) 泊まる
(29) 支払う (30) 揚げる (31) 配慮 (32) 欺く
(33) 趣味 (34) 腰 (35) 触る (36) 挿 (37) 促進
(38) 渡航 (39) 避ける (40) 躍動

### 解き方

❶(13)「衝動《しょうどう》」とは、ある行動をしようとする心の動きのことです。

(36)「献身的《けんしんてき》」とは、自分を犠牲《ぎせい》にして他者に尽《つ》くすことを意味することばです。

❷(3)「滑車《かっしゃ》」は溝《みぞ》に綱《つな》をかけて回転できるようにした円盤状《えんばんじょう》の車のことです。

(4)「仰天《ぎょうてん》」とは、非常に驚《おどろ》いてあきれることを意味することばです。

(6)「肩《かた》をそびやかす」は肩を高く上げる動作で、いばったような態度を表します。

(8)「隠匿《いんとく》」とは、こっそりと人目につかないようにかくすことを意味することばです。

(10)「包括的《ほうかつてき》」とは、全体をくまなく取り扱《あつか》うことを意味することばです。

(12)「棄却《ききゃく》」とは、申し立てなどを退けて取り上げないことを意味することばです。

(13)「脚《あし》」は、物の下部にあって支えている部分を表します。人や動物の体なら、くるぶしまでを「脚」、くるぶしから先を「足」と区別して書くことがあります。

(17)「控除《こうじょ》」とは、一定の金額を差し引くことを意味することばです。

## 32 日常生活でよく見る漢字③

本冊66ページ

❶
(1) いす (2) せんい (3) まくら
(4) けいやくしょ (5) げんこう (6) ぼんさい
(7) しょさい (8) こくさい (9) せんざい
(10) さく (11) じょうぞうしょ (12) かくう
(13) かじゅう (14) ちょうこく (15) うね
(16) こせきとうほん (17) せんす (18) みみせん
(19) ぜん (20) すいそう (21) たな (22) だんがん
(23) てつびん (24) しょうちゅう (25) めいぼ
(26) びょうとう (27) はち (28) なえ (29) きっぷ
(30) かがみもち (31) かべ (32) ふろば
(33) たけづつ (34) みぞ (35) とこ (36) てんぽ

❷
(1) 串団子 (2) 刑事事件 (3) 囲碁 (4) 小舟
(5) 傘 (6) 丼 (7) 鍋料理 (8) 維持
(9) 床・雑巾 (10) 麺 (11) 韓国語 (12) 近畿地方
(13) 郊外 (14) 棺 (15) 芯 (16) 酵母 (17) 架かる
(18) 注意事項 (19) 別荘 (20) 袋 (21) 食卓 (22) 壇
(23) 酢 (24) 漬物 (25) 唐辛子 (26) 封筒 (27) 箸
(28) 家畜 (29) 壁画 (30) 完璧 (31) 舗装 (32) 大枠
(33) 缶 (34) 弾 (35) 木彫り (36) 楽譜 (37) 扇
(38) 繊細 (39) 排水溝 (40) 塾

### 解き方

❶ (16)「戸籍謄本《こせきとうほん》」とは戸籍の原本に書かれている内容をそのまま写した文書のことです。

❷ (2)「刑事事件《けいじじけん》」とは、刑法などに規定された罪を犯《おか》した事件のことで、警察などの国家権力による捜《そう》査《さ》の対象になる事件のことをいいます。

(4)手でこぐ小型のものは、「船」と区別して「舟」と書きます。

(16)「酵母《こうぼ》」とは、糖をアルコールと炭酸ガスに分解する微生物《びせいぶつ》のことで、パンやビールなどをつくるのに用いられます。

(31)「舗装《ほそう》」とは、道路などの表面をセメントやアスファルトをしきつめて固めることです。

## 33 日常生活でよく見る漢字❹

本冊68ページ

❶ (1)けん (2)しょうじょう (3)みょう (4)しっけ (5)しゃよう (6)ゆうしゅう (7)あくしゅう (8)くじゅう (9)しゅん (10)ないしょ (11)じょじょ (12)あいぞう (13)しょうさい (14)きじょう (15)じょうすいき (16)げきしん (17)むじんぞう (18)ひっす (19)ぜひ (20)いっせいそうしん (21)こだいいせき (22)そくざ (23)たいりゅう (24)きょくたん (25)たんぱく (26)いっち (27)ちえん (28)とくちょうてき (29)とちゅう (30)とうけつ (31)くのう (32)てうす (33)どうはん (34)こうむ (35)りんせつ (36)ふじょう

❷ (1)鋭い (2)紫色 (3)超常現象 (4)汚れ (5)奇妙 (6)稚魚 (7)徹底 (8)倒れる (9)透明 (10)充実 (11)甘やかす (12)濃厚 (13)色彩 (14)辛味 (15)爆発的 (16)苛酷［過酷］ (17)疲れる (18)散逸 (19)御前 (20)最後尾 (21)違和感 (22)吉凶 (23)堅実 (24)謹慎 (25)傾ける (26)恐れる (27)根拠 (28)乾いた (29)患部 (30)偶然 (31)溶ける (32)清涼 (33)恋愛感情 (34)込んだ (35)惑わす (36)凍える (37)完了 (38)詳しい (39)伴う (40)滞る

### 解き方

❶ (5)「斜陽《しゃよう》」とは西に傾《かたむ》いている太陽のことで、勢いが衰《おとろ》えつつある状態も意味します。

❷ (3)「超常現象《ちょうじょうげんしょう》」とは現在の科学では説明ができない現象のことです。

(16)本来は別のことばですが、「過酷」でも正解です。どちらも「ひどい、厳しい」という意味をもち、「苛」は「むごい」、「過」は「限度をこえる、行き過ぎる」という意味を表しています。

(18)「散逸《さんいつ》」とは、まとまっていた書物などが散り散りになり所在がわからなくなってしまうことです。

(24)「謹慎《きんしん》」とは、言葉や行動をひかえめにすることです。

## 34 まとめのテスト❺

本冊70ページ

❶ (1)①すいしょう ②はだ ③つめ ④しゅん ⑤はっこう ⑥つつし ⑦まくら ⑧ひろう ⑨ようつう ⑩けんじつ ⑪しんせき

(2)A皮膚 B痩 C撮影 D食卓 E睡眠 F徹夜 G肩 H症状 I矯正 J吐 K悩

❷ (1)①おもむき ②しょうかい ③ぎゅうし ④しはん ⑤しん ⑥しきさい

(2)A甘辛 B汁 C韓国 D炊 E振

(3)配慮・凍らせて・缶・漬けた・酢飯・布巾

### 解き方

❷ (3)「つけた」には、「漬《つ》けた」のほかに、「付けた」「着けた」などの**同訓異字**がありますが、**文脈から判**

断して漢字を選びます。

## 35 論説文によく出てくる漢字❶

本冊72ページ

❶
(1)うず (2)めす (3)おお (4)いち
(5)しょうさん (6)しょう (7)どじょう
(8)つつうらうら (9)しんすい (10)ほ
(11)かいそう (12)いね (13)ほらあな[どうけつ]
(14)ほにゅうるい (15)さいぼう (16)たつまき
(17)りゅうさん (18)きゅうりょうち
(19)わんきょく (20)こうおつへいてい
(21)けいい (22)そうほう (23)いったん (24)に
(25)ごりん (26)たいようれき (27)いっと
(28)たか (29)じゅみょう (30)やよい
(31)こし (32)けつろ (33)つちけむり
(34)えいが (35)ろうきゅうか
(36)だんがいぜっぺき

❷
(1)鶴 (2)華やか (3)洪水 (4)竜頭 (5)峡谷
(6)百獣 (7)乙女 (8)圏内 (9)山岳 (10)崖
(11)鉛筆 (12)浦 (13)丘 (14)豚肉 (15)鯨
(16)蚊 (17)禁煙 (18)枯れる (19)朽ちる (20)菌
(21)雌雄 (22)双子 (23)殻 (24)炎 (25)暁
(26)養鶏 (27)山奥 (28)自然環境 (29)露
(30)零点 (31)一斤 (32)箇条 (33)結晶 (34)幅
(35)藩 (36)浸る (37)暦 (38)空洞化 (39)渦中
(40)甲

### 解き方

❶(4)「壱《いち》」や(24)「弐《に》」のような漢数字は大字《だいじ》といい、紙《し》幣《へい》などに用いられています。

## 36 論説文によく出てくる漢字❷

本冊74ページ

❶
(1)ひかく (2)めいよきそん (3)もぎしけん
(4)ぎゃくさつ (5)きゅうだん (6)しさ
(7)ていせい (8)たんれん (9)しゅし
(10)しもん (11)しゃくめい (12)じゅんかん
(13)じゅんしゅ (14)じょじょう (15)こうしょう
(16)しょうしょ (17)えんせい (18)しょくたく
(19)しんぎ (20)たず (21)せんせい
(22)ついずい (23)はいせき (24)ぶんせき
(25)じっせん (26)しゅうぜん (27)ぼうけん
(28)そうなん (29)かいたく (30)ばっさい
(31)もほう (32)めんきょ (33)ようご
(34)しゅりょう (35)おうしゅう (36)すいこう

❷
(1)成し遂げる (2)亡霊 (3)蓄える (4)塗
(5)顧みる (6)摂取 (7)抽出 (8)呪う
(9)肯定 (10)譲る (11)一蹴 (12)胆力 (13)召喚
(14)収穫 (15)慶事 (16)騎兵隊 (17)握り
(18)放逐 (19)依存 (20)獲得 (21)拘束
(22)勧める (23)旋回 (24)奪取 (25)詮索
(26)変遷 (27)措置 (28)喪失感 (29)捉える
(30)託す (31)罷免 (32)冒す (33)刀鍛冶
(34)拉致 (35)倫理 (36)遡る (37)誓う
(38)据え置く (39)掌握 (40)廃棄

### 解き方

❶(16)「詔書《しょうしょ》」とは、天皇の命令を伝える公文書のことです。

❷(11)「一蹴《いっしゅう》」とは、要求などをはねつけたり、たやすく負かしてしまうことを意味することばです。

(12)「胆力《たんりょく》」とは、恐《おそ》れず動じない心を意味することばです。

(13)「召喚《しょうかん》」とはよび出すことで、とくに裁判所が被《ひ》告人《こくにん》や証人を裁判所によび出すときに用いることばです。

(18)「放逐《ほうちく》」とは、追い払《はら》うことです。

(31)「罷免《ひめん》」とは、強制的に辞職させることを意味することばです。

(32)「おかす」にはいろいろな漢字がありますが、**危険をおかす場合**には「**冒**」の字を用います。

## 37 論説文によく出てくる漢字③

本冊76ページ

❶
(1)おそれ (2)はいかい (3)さくじょ
(4)しいてき (5)しし (6)ようしゃ
(7)じゅんしょく (8)そうすい (9)ぐんそう
(10)なまつば (11)かいたい (12)こうじょうせん
(13)おうこうきぞく (14)しゅさい
(15)ちゃくなん (16)いど (17)ちょうぼう
(18)ちょうばつ (19)ちょくめい (20)ちん
(21)ちんしゃ (22)しっつい (23)ぞうてい
(24)ていこく (25)ていさつ (26)ていけつ
(27)こうてつ (28)てんぷ (29)とうびょう
(30)あま (31)ざせつ (32)ばいよう
(33)ぶんぴつ[ぶんぴ] (34)かいぼう (35)まく
(36)ほりょ

❷
(1)逮捕 (2)咽喉科 (3)豪傑 (4)誘拐
(5)弾劾裁判 (6)陥る (7)偽物・見抜く
(8)卸売市場 (9)締める (10)啓発 (11)倹約
(12)戴天 (13)儀式 (14)還暦 (15)貢ぎ (16)検閲
(17)享楽的 (18)後継者 (19)管轄外 (20)歌舞伎
(21)犠牲 (22)撤収 (23)補塡[補填] (24)駐屯地
(25)捻挫 (26)把握 (27)陪審員 (28)派閥
(29)無謀・挑戦 (30)教諭 (31)官吏 (32)懲りる
(33)抑える (34)削る (35)眺める (36)闘争心
(37)唾棄 (38)添える (39)挫 (40)賄賂

### 解き方

❶
(4)「恣意的《しいてき》」とは、思いつくままに行動する様子を表します。

❷
(17)「享楽的《きょうらくてき》」とは、快楽を好む様子を表します。

## 38 論説文によく出てくる漢字④

本冊78ページ

❶
(1)ずかん (2)きどう (3)ごらく
(4)かいこん (5)けいかい (6)えさ
(7)ぎょじ (8)こうき (9)うるし
(10)じゅがく (11)だて (12)ほこさき
(13)じんち (14)きんこけい (15)そぜい
(16)いがた (17)きゅうてい (18)きゅうめいてい
(19)せんぱく (20)ひぶん (21)かへい
(22)ほうだい (23)あみ (24)どうよう
(25)らくのう (26)しょくりょう (27)だんろ
(28)かご (29)ろうかく (30)せいれん
(31)くんとう (32)らしんばん (33)ていぼう
(34)むてっぽう (35)ごてん (36)ばんじゃく

❷
(1)語彙 (2)罰 (3)袖 (4)塑像 (5)綱
(6)基礎的 (7)一里塚 (8)戒め (9)呉越同舟
(10)城郭 (11)約款 (12)楷書 (13)潜水艇
(14)陶芸品 (15)勲章 (16)基盤 (17)座禅
(18)韻 (19)欧州連合 (20)墳墓 (21)殿様商売
(22)家紋 (23)空欄 (24)鑑定 (25)常軌 (26)漆黒
(27)矛盾 (28)鋳造 (29)法廷 (30)石碑 (31)連邦
(32)籠もる (33)網羅的 (34)社会福祉 (35)舶来
(36)陣頭指揮 (37)疑似餌 (38)掛け軸 (39)民謡
(40)堤

### 解き方

❶
(29)「砂上の楼閣《ろうかく》」とは、長続きしない物事や、実現不可能な物事のたとえです。

❷
(9)「呉越同舟《ごえつどうしゅう》」とは、仲の悪い者同士が同じ場所に居合わせたり、行動を共にしたりすることを表す故事成語です。

## 39 論説文によく出てくる漢字⑤

本冊80ページ

❶
(1)きがじょうたい (2)ぎょうし (3)きぐ
(4)きんこう (5)ごうまん (6)こんせき
(7)へいそくかん (8)ざんじ (9)しんし
(10)しゃだん (11)ことさら (12)しゅよう
(13)じゅよう (14)しゅうじん (15)しゅうちしん
(16)せいしゅく (17)じゅんきょうじゅ
(18)じゅんたく (19)けつじょ
(20)しょうぞうけん (21)はっしょう

(22) かじょう (23) はんしょく (24) じんそく
(25) つたな (26) すいじゃく (27) ちゅうすう
(28) ふ (29) せいさん (30) だらく (31) たいせき
(32) ちみつ (33) れいぞく (34) ゆううつ
(35) ほころ (36) いしゅく

❷
(1) 孤高 (2) 曖昧 (3) 巨万 (4) 亜熱帯
(5) 萎える (6) 畏怖 (7) 憂い (8) 粗品
(9) 疎遠 (10) 腫れる (11) 膨張 (12) 緊迫
(13) 時期尚早 (14) 妄想 (15) 偉人 (16) 核心
(17) 虚無感 (18) 飢える (19) 相互 (20) 稚拙
(21) 漸進的 (22) 阻む (23) 滋養強壮 (24) 失踪者
(25) 世俗的 (26) 妥当性 (27) 安泰 (28) 破綻
(29) 無秩序 (30) 明瞭 (31) 分裂 (32) 遮る
(33) 凝った (34) 崇高 (35) 甚だしい (36) 衰える
(37) 塞ぐ (38) 爪痕 (39) 特殊 (40) 愚

**解き方**

❷
(7)「後顧《こうこ》の憂《うれ》い」とは、あとに残る心配という意味の慣用表現です。

## 40 論説文によく出てくる漢字⑥

本冊82ページ

❶
(1) ちっそ (2) わようせっちゅう
(3) しんちょく (4) いきしょうちん
(5) ていげん (6) にんたいりょく (7) こうとう
(8) ていねい (9) ばいかい (10) はくだつ
(11) ばくぜん (12) はんらん (13) はんようせい
(14) いっぱん (15) きはん (16) やばん
(17) びみょう (18) ひんぱつ (19) ふぞく
(20) じゅうなん (21) えいよ (22) がっぺい
(23) しゃへいぶつ (24) ふへんてき (25) ぼっぱつ
(26) しょうめつ (27) ゆうよ (28) ゆうずう
(29) ひよく (30) りゅうせい (31) はんてん
(32) てんねんとう (33) ぼうがい (34) どんてん
(35) そりゅうし (36) きふく

❷
(1) 挟む (2) 鼻孔 (3) 沈む (4) 耐え忍ぶ
(5) 状況 (6) 威厳 (7) 既存 (8) 隔たり
(9) 載 (10) 剝がれる (11) 免疫 (12) 概念
(13) 便宜上 (14) 恒久的 (15) 顕著 (16) 時代錯誤
(17) 禍根 (18) 惨状 (19) 該当 (20) 哲学的
(21) 見劣り (22) 緩む (23) 機敏 (24) 普段
(25) 曇らせる (26) 噴[吹]き出る (27) 弊害
(28) 偏[片寄]った (29) 妨げ (30) 又 (31) 消耗品
(32) 唯一無二 (33) 裕福 (34) 伏せる
(35) 軟らかい (36) 累積 (37) 漏れる
(38) 癒やす (39) 併合 (40) 粒

**解き方**

❷
(16)「時代錯誤《じだいさくご》」とは時代の異なる物事を混同することです。また、時代遅《おく》れであることも意味します。
(35)「軟らかい」は「硬い」の反対なので、外からの力に弱い様子や状態を表すときに用います。

## 41 まとめのテスト⑥

本冊84ページ

❶
(1) ① じっせん ② じょうき
③ えいけつ ④ きそん ⑤ こ
⑥ こうてい
(2) A 顧 B 殊更 C 矛盾 D 誘惑
E 崖 F 喪失

❷
(1) ① せっしゅ ② らくのう ③ ぶた
④ しゅうだつ ⑤ しい ⑥ さんがく
⑦ くじら
(2) A 稲 B 栽培 C 収獲 D 鶏 E 依存
F 獣 G 犠牲 H 倫理
(3) ⓐ ウ ⓑ エ

## 解き方

❷

(3)アは「枯」、イは「(収《しゅう》)賄《わい》」、ウは「喚《かん》(問《もん》)」、エは「(石《せき》)碑《ひ》」という漢字表記になります。

## 42 小説文によく出てくる漢字❶

本冊86ページ

❶

(1)いりえ (2)こんちゅう (3)さ (4)しば

(5)あさせ (6)せいそう (7)こうたく

(8)どろぬまか (9)すいてき (10)はくとう

(11)にじ (12)こはん (13)ねこ (14)はまべ

(15)すいほう (16)さいこうほう (17)ようほう

(18)みさき (19)みつげつ (20)のうむ

(21)はんも (22)りょうよく (23)せんりゅう

(24)きゅうか (25)さいにゅう (26)ひってき

(27)つぼ (28)はな (29)ます (30)よいやみ

(31)いっしゅん (32)ぞうげ (33)ふじ

(34)じゃ・へび (35)ちかけい (36)さんろく

❷

(1)芋 (2)虎 (3)嵐 (4)蛍雪 (5)牙 (6)洞窟

(7)葛藤 (8)梗概 (9)峠 (10)滝 (11)柳

(12)薪 (13)猿 (14)菊 (15)柿 (16)渓流 (17)桑

(18)茎 (19)杉 (20)繭 (21)雷鳴 (22)麓

(23)頃合い (24)曽祖父 (25)老齢 (26)距離

(27)一隅 (28)幾重 (29)桁 (30)霜 (31)沼

(32)泡 (33)滴 (34)蛇行 (35)峰 (36)霧

(37)生い茂る (38)翼 (39)暇 (40)亀

## 解き方

❶

(34)「蛇《じゃ》の道は蛇《へび》」は、同類のすることは容易に推測できるという意味のことわざです。

❷

(4)「蛍雪《けいせつ》の功」とは、苦労して勉強した成果という意味を表す故事成語です。

## 43 小説文によく出てくる漢字❷

本冊88ページ

❶

(1)こもりうた (2)きさい (3)こ

(4)ごうもん (5)はさい (6)き

(7)しげきてき (8)さむらい (9)しっせき

(10)ししゅく (11)せんにん (12)かいぞく

(13)ちょうやく (14)ちょうしょう (15)してき

(16)どれい (17)とうぼう (18)どう (19)ろうば

(20)ばとう (21)そくばく (22)はんにゅう

(23)みけん (24)ひじ (25)こくひん

(26)ねぼう (27)ぼうしょ (28)ぼうせき

(29)じゅうぼく (30)まさつ (31)ぶよう

(32)しんらい (33)れんらく (34)あご

(35)きょういてき (36)しょうげき

❷

(1)俺 (2)膝・擦り (3)記憶 (4)妊娠

(5)夜釣り (6)砕く (7)驚く (8)斬新

(9)含む (10)推薦状 (11)大尉 (12)刺される

(13)瞳 (14)爵位・賜る (15)僧侶 (16)令嬢

(17)頼る (18)雇われる (19)叱る (20)潰れる

(21)脅し (22)宛名 (23)行為 (24)横殴り

(25)跳ねる (26)嘲る (27)威嚇 (28)嗅ぎ

(29)摘 (30)撃 (31)慰め (32)逃げる

(33)迎える (34)喝 (35)勘 (36)拒む (37)怨念

(38)罵る (39)縛る (40)汗

## 解き方

❶

(34)「顎《あご》で使う」とは、傲慢《ごうまん》な態度で人に指図する様子を表す慣用句です。

❷

(30)同訓異字である「打つ」や「討《う》つ」と混同しないように注意しましょう。

## 44 小説文によく出てくる漢字❸

本冊90ページ

❶

(1)じごく (2)こま (3)ふうさ (4)さんばし

(5)しゅぎょく (6)せじょう (7)すその

(8)ふせん (9)ていたく (10)きんじとう

(11)しゅっぱん (12)とびら (13)ほうきゅう

(14)ひとふさ (15)ぼうし (16)つりぼり

(17)きかんじゅう (18)あまいろ (19)かんめい

(20) むえん (21) かま (22) ぞうり (23) りょう
(24) しゅつるい (25) ふうりん (26) かいろう
(27) はちじょう (28) ずがいこつ (29) しんけん
(30) いっけん (31) えいかん (32) だっきゅう
(33) きんせん (34) すいぼくが (35) けいしょう
(36) けんばん

❷
(1) 菓子 (2) 刃物 (3) 艦隊 (4) 鎖 (5) 鼓舞
(6) 将棋 (7) 帆 (8) 工房 (9) 蓋 (10) 剣 (11) 鎌
(12) 右舷 (13) 軒 (14) 冠 (15) 石臼 (16) 瓦
(17) 垣根 (18) 坑道 (19) 琴 (20) 弦楽器 (21) 塀
(22) 鈴虫 (23) 墨 (24) 後釜 (25) 鐘 (26) 乾杯
(27) 玩具 (28) 錦 (29) 祝宴 (30) 真珠 (31) 鍵
(32) 麻糸 (33) 銘 (34) 額縁 (35) 革靴 (36) 畳
(37) 処方箋 (38) 年俸制 (39) 外堀 (40) 襟

**解き方**

❶
(10)「金字塔《きんじとう》」とは、後世に長く伝わるような優《すぐ》れた作品や業績を意味します。

❷
(10)「奥歯《おくば》に剣《つるぎ》」とは、内心では敵意をもちながらそれを表に出さない様子を表す慣用句です。

## 45 小説文によく出てくる漢字④

本冊92ページ

❶
(1) ゆえつ (2) すき (3) はてんこう
(4) しつじつごうけん (5) ごうたん
(6) つうこん (7) のうこん (8) しっそう
(9) じゃねん (10) せいじゃく (11) あいしゅう
(12) しゅうぶん (13) しゅんびん
(14) せつじょく (15) へんげんせきご
(16) そうかい (17) しょうそう (18) こんだく
(19) ぐち (20) す (21) ていかん (22) どんか
(23) なぞ (24) せいは (25) はんえい (26) ひきん
(27) ふはい (28) かいふう (29) ふんしつ
(30) ぼっとう (31) やみくも (32) あいいろ
(33) るりいろ (34) きんさ (35) しょうけい
(36) まぼろし

❷
(1) 哀れむ (2) 艶 (3) 抄録 (4) 羨む
(5) 臆病風 (6) 僅か (7) 御朱印 (8) 怒号
(9) 淫行 (10) 雅号 (11) 佳作 (12) 屈 (13) 憧れる
(14) 遺憾 (15) 閑静 (16) 悪影響 (17) 寛大
(18) 狭い (19) 陰気 (20) 頑固 (21) 形骸化
(22) 恐慌 (23) 窮 (24) 褐色 (25) 恭順
(26) 硬直 (27) 幻想的 (28) 勇敢 (29) 乏しい
(30) 義憤 (31) 募る (32) 厄介 (33) 愉快 (34) 妖精
(35) 蔑む (36) 湧 (37) 美麗 (38) 放浪 (39) 侮る
(40) 穏健

**解き方**

❶
(3)「破天荒《はてんこう》」とは、これまでだれもしていないようなことをすることを表します。

❷
(30)「義憤《ぎふん》」とは、不正や不道徳に対して感じる怒《いか》りのことです。

## 46 まとめのテスト⑦

本冊94ページ

❶
(1) ① ぼく ② じょう ③ いも ④ かき
⑤ しか ⑥ ねこ ⑦ ちょうしょう
⑧ みす
(2) A 藤 B 蛍 C 菊 D 霜 E 裾 F 眉
G 菓子 H 殴

❷
(1) ① にんしん ② しょうしんよくよく
③ らいめい ④ やと ⑤ ぼうし
⑥ かわぐつ ⑦ あこが
(2) A 推薦 B 鬼 C 蛇 D 学生寮 E 六畳
F 瞳 G 履 H 墨
(3) ⓐ イ ⓑ ア

## 解き方

❶

(2)G部首が「**くさかんむり**」の漢字は**植物に関係**があります。間食のための食品を意味する「**菓**」には、木の実などの意味もあります。

❷

(3)アは「忍」、イは「(日本舞《ぶ》)踊《よう》」、ウは「峠」、エは「扉」という漢字表記になります。

## 47 随筆文によく出てくる漢字❶

本冊96ページ

❶

(1)こくふく (2)さいはい (3)じあい (4)おじ
(5)けんきょ (6)そんしょく (7)ひたん
(8)ちょうもんきゃく (9)ていしゅ
(10)できあい (11)か (12)とうらい
(13)はくちゅう (14)はんぷ (15)ひがんばな
(16)ひろう (17)しんりびょうしゃ (18)ふよう
(19)ふほう (20)ふにん (21)し (22)ふか
(23)てんぷく (24)あくへき (25)ほうしかつどう
(26)ほうごう (27)しょうこん (28)ほんやく
(29)ひゆ (30)しょうれい (31)ほんろう
(32)どんよく (33)ぜっきょう (34)しゅびいっかん
(35)こちょう (36)せんくてき

❷

(1)弄ぶ (2)煎茶 (3)吹 (4)貪る (5)師匠
(6)魂 (7)唇 (8)老翁 (9)嫉妬 (10)四肢
(11)喫 (12)朗詠 (13)股 (14)詰まる (15)吟
(16)貫く (17)叫ぶ (18)誇る (19)駆け (20)皆
(21)生涯 (22)派遣 (23)涙・頬 (24)絞る
(25)児戯 (26)祈り (27)撲滅 (28)磨く (29)閣僚
(30)戻す (31)新郎 (32)嘆く (33)溺れる
(34)描く (35)赴く (36)覆う (37)褒める
(38)縫 (39)励ます (40)髪

## 解き方

❶

(13)「伯仲《はくちゅう》」とは、甲乙《こうおつ》つけがたい様子を表します。

❷

(25)「児戯《じぎ》」とは子どもの遊びのことで、幼稚《ようち》なことの比喩《ひゆ》として用いられます。

## 48 随筆文によく出てくる漢字❷

本冊98ページ

❶

(1)かたまり (2)ふんがい (3)た
(4)はんきょう (5)かお (6)さいしょくけんび
(7)こうみょう (8)こんい (9)うかが
(10)きゅうせい (11)だせい (12)むだ (13)おこた
(14)ただ (15)たんねん (16)ふてい
(17)ついとう (18)じゅうとく (19)とんざ
(20)ねんせい (21)ひょうりゅう (22)ふんいき
(23)ふうぼう (24)わぼく (25)ひぼん
(26)いちまつ (27)さんまん (28)めいど
(29)もうれつ (30)ゆうきゅう (31)どうよう
(32)しんらつ (33)せんりつ
(34)せいれんけっぱく (35)かくせい
(36)ほうかい

❷

(1)珍しい (2)不遇 (3)鮮やか (4)庶民的
(5)旺盛 (6)粋 (7)酔 (8)慕う (9)渇き
(10)幽霊 (11)冗談 (12)凸凹 (13)怪しむ
(14)歓喜 (15)玄米 (16)狂おしい (17)禁忌
(18)賢さ (19)刹那的 (20)懐疑的 (21)煩わしい
(22)沸 (23)家柄 (24)芳香 (25)飽和 (26)傍観
(27)素朴 (28)奔走 (29)埋没 (30)我慢
(31)魅力的 (32)盲目的 (33)黙る (34)中庸
(35)裸一貫 (36)下痢 (37)強烈 (38)崩れる
(39)忙しく (40)弧

## 解き方

❶

(28)「冥土《めいど》」とはあの世のことで、「冥土の土産《みやげ》」は安心して死ねるような喜ばしい物事を意味します。

❷

(12)「**凸凹**」は「**でこぼこ**」と読み、「**凹凸**」は「**おうとつ**」と読むことに注意しましょう。

## 49 まとめのテスト⑧

本冊100ページ

❶
(1) ① ななくせ ② ようぼう ③ くちびる ④ おぼ ⑤ しんらつ ⑥ ふほう ⑦ きゅうせい ⑧ ちょうもん
(2) A 片頬 B 酔 C 覚醒 D 怠 E 彼 F 無慈悲 G 嘆

❷
(1) ① じょうだん ② きょうれつ ③ けんそん ④ れんぼ ⑤ みりょう ⑥ かんき
(2) A 下痢 B 柄 C 素朴 D 応援 E 黙 F 生涯
(3) ア・ウ［順不同］

**解き方**

❷ (3)アは「吐(露)」、イは「駆」、ウは「吟(遊)」、エは「絞」という漢字表記になります。

## 50 まちがえやすい漢字

本冊102ページ

❶
(1) こもんじょ (2) いちだんらく (3) ちょうふく［じゅうふく］ (4) ほっそく (5) なごり (6) しょうぶん (7) へいぜい (8) えたい (9) はんようせい (10) ずし (11) くでん (12) こわだか (13) いみょう (14) らんこうげ (15) ばくろ (16) じょうせき (17) いっそく (18) すいとう (19) かどち (20) しゅしょう (21) いちじつ (22) はたん (23) いっちょういっせき (24) がんゆう (25) はやがてん (26) くじゅう (27) こがい (28) せけんてい (29) ぜんぷく (30) てんぷ (31) ちょうふ (32) にゅうわ (33) あらわ (34) しんざんもの (35) かんすい (36) こっきしん

❷
(1) 成績 (2) 講習 (3) 善後策 (4) 著しい (5) 絶体絶命 (6) 授受 (7) 承る (8) 機嫌 (9) 専門家 (10) 刷新 (11) 悔やむ (12) 一概 (13) 単調 (14) 健やか (15) 一堂 (16) 矯正 (17) 曇る (18) 搭乗 (19) 墜落 (20) 漸次 (21) 試験管 (22) 亡命 (23) 恋慕 (24) 撤回 (25) 擬態 (26) 群 (27) 懲役 (28) 一蹴 (29) 搬送 (30) 官僚 (31) 停滞 (32) 衰える (33) 孤独 (34) 戒める (35) 却下 (36) 静寂 (37) 幻覚 (38) 推薦 (39) 狭まる (40) 解

**解き方**

❶ (2)「ひとだんらく」ではなく「いちだんらく」と読みます。

❷ まちがえやすい漢字は、**部首のちがいや意味のちがいに注目**して区別しましょう。

## 51 まとめのテスト⑨

本冊104ページ

❶
(1) ① イ ② ウ ③ ア ④ ア ⑤ イ ⑥ ウ ⑦ ア ⑧ イ
(2) ① ア ② エ ③ ウ ④ エ ⑤ ア ⑥ イ ⑦ ア ⑧ ウ

❷
(1) ① 授受 ② 専門家 ③ 一概 ④ 群 ⑤ 善後策 ⑥ 漸次
(2) ア・エ［順不同］

**解き方**

❷ (2)「ギタイ」は「擬(態)」、アは「(邪《じゃ》)推《すい》」、イは「(一《いっ》)蹴《しゅう》」、ウは「刷《さっ》(新《しん》)」、エは「搭《とう》(乗《じょう》)」という漢字表記になります。

## 52 同音異義語①

本冊106ページ

❶
(1) 時機 (2) 週刊 (3) 小数 (4) 阻害 (5) 輩出 (6) 要件 (7) 会心 (8) 回想 (9) 不順 (10) 無情 (11) 障害 (12) 想像 (13) 史上 (14) 所要 (15) 絶交

(16) 改訂 (17) 解放 (18) 内蔵 (19) 公演 (20) 異常
(21) 適正 (22) 制止 (23) 採決 (24) 共同 (25) 器官
(26) 特異 (27) 野生 (28) 移行 (29) 通交 (30) 課程
(31) 原状 (32) 群集 (33) 交付 (34) 保険 (35) 産出
(36) 進入

❷
(1) ① 終了 ② 修了
(2) ① 以外 ② 意外
(3) ① 関心 ② 感心 ③ 寒心 ④ 歓心
(4) ① 機械 ② 器械
(5) ① 精算 ② 清算
(6) ① 人口 ② 人工
(7) ① 厚生 ② 公正 ③ 更生
(8) ① 収集 ② 収拾
(9) ① 正統 ② 正当
(10) ① 必死 ② 必至
(11) ① 驚異 ② 脅威
(12) ① 革新 ② 核心
(13) ① 不休 ② 不朽 ③ 不急 ④ 普及
(14) ① 進路 ② 針路
(15) ① 対照 ② 対象 ③ 対称

**解き方**

❶❷ 同音異義語は例文とセットで覚えましょう。

## 53 同音異義語❷

本冊108ページ

❶
(1) 観賞 (2) 体制 (3) 補習 (4) 非常 (5) 反攻
(6) 遺志 (7) 気運 (8) 有志 (9) 委嘱 (10) 作成
(11) 成算 (12) 即製 (13) 考証 (14) 懐古 (15) 確信
(16) 試行 (17) 決済 (18) 無常 (19) 抗生 (20) 競走
(21) 神聖 (22) 非難 (23) 所信 (24) 事典 (25) 信条
(26) 仮設 (27) 異議 (28) 異動 (29) 支持 (30) 養成
(31) 対症 (32) 好機 (33) 自制 (34) 転回 (35) 婦人
(36) 銘記

❷
(1) ① 予知 ② 余地
(2) ① 強調 ② 協調
(3) ① 不信 ② 不審 ③ 不振 ④ 腐心
(4) ① 企画 ② 規格
(5) ① 豊富 ② 抱負
(6) ① 保証 ② 保障 ③ 補償
(7) ① 追求 ② 追及 ③ 追究
(8) ① 意義 ② 威儀
(9) ① 干渉 ② 感傷 ③ 緩衝 ④ 管掌
(10) ① 事項 ② 時候 ③ 時効
(11) ① 平行 ② 平衡 ③ 並行[併行] ④ 閉口
(12) ① 進行 ② 信仰 ③ 親交[深交] ④ 振興

**解き方**

❶ (1)「観賞《かんしょう》」は、見て楽しむという意味で、自然や花・風景などについて用います。「鑑賞」には、よさを理解して深く味わうという意味合いがあり、芸術作品などについて用います。

## 54 同音異義語❸・同訓異字❶

本冊110ページ

❶
(1) 園芸 (2) 電灯 (3) 形勢 (4) 化学 (5) 開花
(6) 細大 (7) 指名 (8) 成長 (9) 衛生 (10) 回答
(11) 厚意 (12) 再開 (13) 習得 (14) 同士 (15) 容量
(16) 周知

❷
(1) 押さえ (2) 建 (3) 留 (4) 闘 (5) 弾
(6) 増 (7) 丸 (8) 開 (9) 卸 (10) 入

❸
(1) ① 検討 ② 見当 ③ 健闘
(2) ① 夏期 ② 夏季 ③ 下記
(3) ① 汽車 ② 記者 ③ 帰社 ④ 喜捨
(4) ① 感激 ② 観劇 (5) ① 高尚 ② 考証
(6) ① 藤 ② 不治 ③ 富士
(7) ① 監視 ② 漢詩 ③ 環視
(8) ① 遅 ② 後
(9) ① 説 ② 溶 (10) ① 住 ② 済 ③ 澄
(11) ① 昇 ② 上 ③ 登
(12) ① 写 ② 移 ③ 映 (13) ① 負 ② 追
(14) ① 飼 ② 買 (15) ① 脚 ② 足

**解き方**

❸ (6) ①「藤《ふじ》」は訓読み、「不治」「富士」は音読みの語です。

## 55 同訓異字❷

本冊112ページ

❶
(1) 誤 (2) 易 (3) 遣 (4) 覚 (5) 匂 (6) 調
(7) 早 (8) 尋 (9) 溶 (10) 伸 (11) 載 (12) 赤
(13) 貼 (14) 占 (15) 提 (16) 温 (17) 敗 (18) 柔
(19) 捉え (20) 診 (21) 初 (22) 業 (23) 皮 (24) 応

❷
(1) ① 断 ② 絶 ③ 裁
(2) ① 侵 ② 犯 ③ 冒
(3) ① 収 ② 納 ③ 治 ④ 修
(4) ① 押 ② 推
(5) ① 表 ② 面
(6) ① 進 ② 薦 ③ 勧
(7) ① 次 ② 継
(8) ① 飛 ② 跳
(9) ① 省 ② 顧
(10) ① 堪 ② 耐 ③ 絶
(11) ① 討 ② 打 ③ 撃
(12) ① 堅 ② 固 ③ 硬
(13) ① 取 ② 撮 ③ 採 ④ 捕 ⑤ 執

### 解き方

❶❷ 同訓異字の動詞とセットで使われている**目的語**に着目して、意味をつかみましょう。

## 56 同訓異字❸

本冊114ページ

❶
(1) 躍 (2) 割 (3) 湧 (4) 供 (5) 添 (6) 直
(7) 送 (8) 渇 (9) 油 (10) 映 (11) 込 (12) 臨
(13) 震 (14) 謹 (15) 外 (16) 噴 (17) 責 (18) 分か
(19) 絞 (20) 粗 (21) 傷 (22) 描 (23) 努 (24) 務

❷
(1) ① 下 ② 元 ③ 基
(2) ① 合 ② 会 ③ 遭
(3) ① 刺 ② 指 ③ 差 ④ 挿
(4) ① 妖 ② 怪
(5) ① 陰 ② 影
(6) ① 締 ② 絞 ③ 閉
(7) ① 上 ② 揚 ③ 挙
(8) ① 聞 ② 聴 ③ 効
(9) ① 図 ② 測 ③ 計 ④ 量 ⑤ 諮
(10) ① 着 ② 付 ③ 就 ④ 突
(11) ① 懸 ② 掛 ③ 賭 ④ 架 ⑤ 駆

### 解き方

❷ (4)「妖《あや》しい」は不思議な魅力《みりょく》を持っているさま、「怪しい」は普通《ふつう》とは違《ちが》う不可解なさまを表します。

## 57 部首

本冊116ページ

❶
(1) 亻・にんべん (2) 氵・さんずい
(3) 扌・てへん (4) 忄・りっしんべん
(5) 彳・ぎょうにんべん (6) 刂・りっとう
(7) 禾・のぎへん
(8) 辶・しんにょう[しんにゅう]
(9) 阝・こざとへん (10) 言・ごんべん
(11) 冫・にすい (12) 木・きへん
(13) 土・つちへん (14) 糸・いとへん
(15) 頁・おおがい (16) 馬・うまへん
(17) 金・かねへん (18) 日・ひへん
(19) 工・たくみへん (20) 貝・かいへん
(21) 礻・しめすへん (22) 灬・れっか[れんが]
(23) 犭・けものへん (24) 衤・ころもへん
(25) 宀・うかんむり (26) 酉・とりへん
(27) 廴・えんにょう (28) 女・おんなへん
(29) 殳・るまた (30) 山・やまへん
(31) 車・くるまへん (32) 阝・おおざと
(33) 口・くちへん (34) 疒・やまいだれ
(35) 囗・くにがまえ

❷
(1) イ (2) イ (3) ウ (4) ア (5) ウ (6) ア
(7) イ (8) ウ (9) イ (10) ア (11) イ (12) ア
(13) イ (14) イ (15) ウ (16) ウ (17) ア (18) ア
(19) ウ (20) イ (21) ウ (22) ウ (23) ア (24) イ

(25) ウ　(26) イ　(27) ウ　(28) ア　(29) イ　(30) ウ
(31) ア　(32) ア　(33) イ　(34) ウ　(35) ア　(36) イ
(37) ウ　(38) イ

**解き方**

❶❷ 部首はその位置によって、「へん」「つくり」「かんむり」「たれ」「かまえ」「にょう」「あし」に大きく分類できます。

「へん」は漢字の左側、「つくり」は漢字の右側、「かんむり」は漢字の上部、「たれ」は漢字の上部と左側、「かまえ」は漢字の上部と左右、「にょう」は漢字の左側と下部、「あし」は漢字の下部を形づくります。

部首は漢字の意味と結びついていることが多いので、**漢字の意味と一緒《いっしょ》に部首を確認《かくにん》する**習慣をつけるようにしましょう。

## 58 画数・筆順

本冊118ページ

❶
(1) 6　(2) 5　(3) 7　(4) 6　(5) 12　(6) 9
(7) 13　(8) 17　(9) 1　(10) 12　(11) 8　(12) 9
(13) 10　(14) 11　(15) 7　(16) 5　(17) 4　(18) 4
(19) 18　(20) 15　(21) 6　(22) 10　(23) 9　(24) 9
(25) 11　(26) 19　(27) 20　(28) 14　(29) 13　(30) 18
(31) 9　(32) 4　(33) 8　(34) 14　(35) 16　(36) 15

❷
(1) イ　(2) イ　(3) イ　(4) イ

❸
(1) 12　(2) 11　(3) 14　(4) 14　(5) 15　(6) 8
(7) 3　(8) 6　(9) 9　(10) 9　(11) 22　(12) 18
(13) 12　(14) 5　(15) 14　(16) 21　(17) 19　(18) 12
(19) 11　(20) 8　(21) 5　(22) 4　(23) 6　(24) 7
(25) 13　(26) 23　(27) 10　(28) 10　(29) 4　(30) 6
(31) 7　(32) 9　(33) 10　(34) 4　(35) 9　(36) 11
(37) 14　(38) 15　(39) 17　(40) 8　(41) 11　(42) 10

❹
(1) イ　(2) ア　(3) ア　(4) イ

**解き方**

❶❸ 漢字の正しい筆順がわかっていれば、画数も自然と判断できます。実際に書いて、正しい筆順を覚えましょう。

**画数を数えるときは**省略したりくずしたりせず、**楷書体《かいしょたい》ではっきり書いて数える**とよいでしょう。

❷❹ 漢字の筆順には次のような基本のルールがあります。まずこれらのルールをしっかり覚え、例外の筆順の漢字が出てきたら、その都度覚えていきましょう。

・**上から下へ書く**（「言」など）
・**左から右に書く**（「列」など）
・**横棒のあとに縦棒を引く**（「十」など）
・**全体を貫《つらぬ》く線は最後に引く**
・**対角線は右上を左上より先に書く**（「交」など）
・**中心の部分は左右よりも先に書く**（「小」「楽」など）
・**囲む線は先に書く**（「囲」など）
・**左の縦線は右や下の線よりも先に書く**（「口」など）
・**部首「にょう」の部分は最後に書く**（「進」など）

## 59 書体

本冊120ページ

❶ ① ア　② オ　③ ウ　④ エ

❷ (1) イ　(2) ウ　(3) イ　(4) ア　(5) ウ　(6) イ　(7) ア　(8) ウ

❸ (1) ウ　(2) ア　(3) ウ

❹ (1) ア　(2) イ　(3) エ

❺ (1) ア　(2) イ　(3) ア　(4) ウ　(5) ウ　(6) イ　(7) ウ　(8) ア

❻ (1) イ　(2) エ　(3) ア

❼ (1) ウ　(2) イ　(3) イ

❽ (1)イ (2)ウ (3)ア

**解き方**

❹
(1)アは「庭」、イは「原」、ウは「病」、エは「展」の草書体です。
(2)アは「精」、イは「清」、ウは「情」、エは「偉」の草書体です。
(3)アは「断」、イは「根」、ウは「律」、エは「頂」の草書体です。

❺
(4)は「育」、(5)は「雲」、(7)は「待」の草書体です。

❼
(1)アは「苗」、イは「美」、ウは「笛」、エは「栄」の草書体です。
(2)アは「林」、イは「折」、ウは「私」、エは「独」の草書体です。
(3)アは「医」、イは「速」、ウは「凶」、エは「熱」の草書体です。

❽
(1)は「紅」なので9画、(2)は「尊」なので12画、(3)は「敵」なので15画です。

## 60 まとめのテスト⑩

本冊122ページ

❶
(1) ①快方 ②黙視 ③交歓 ④局地 ⑤細大 ⑥講評 ⑦未踏 ⑧威光 ⑨既成 ⑩適格
(2) ①8 ②5 ③6 ④3 ⑤11 ⑥7 ⑦15 ⑧13 ⑨4 ⑩11 ⑪8 ⑫22
(3) ①イ ②イ
(4) ①A 紀行 B 起工 C 機構 ②A 資格 B 死角 C 刺客 ③A 氏名 B 使命 C 死命 ④A 適用 B 摘要 ⑤A 止 B 留 ⑥A 放 B 離
(5) ①カ・草書体 ②イ・楷書体 ③エ・行書体

**解き方**

❶
(1)①「快方」とは、傷病の状態がよくなることを意味することばです。
③「交歓《こうかん》」とは、人が集まりうちとけて楽しむことを意味することばです。
④「局地」とは、限られた区域や地域を意味することばです。
⑥「講評」とは、作品などのできばえを、説明しながら批評することです。
⑦「未踏《みとう》」とは、土地などにだれも到達《とうたつ》していない状態を意味することばです。
⑧「威光」とは、人が自然に敬うような威厳《いげん》や権威のことです。
⑨「既成《きせい》」とは、すでにできあがっているものや状態のことです。
(4)③C「死命」とは、死ぬか生きるかの要所を意味することばです。
(5)オは「凝」、カは「汚」の草書体です。

## チャレンジテスト❶

本冊124ページ

**1**
(1) ①ひがし ②とお ③こおり ④いのち
(2) ⑤どう ⑥か ⑦せつ[せち] ⑪わん
(3) ⑧炭 ⑨森林 ⑩一羽 ⑫爪
(4) はた
(5) B さんずい C つきへん

**2**
(1) ①エ ②ウ ③ア ④イ ⑤ア ⑥ウ ⑦エ ⑧イ
(2) 畑

**3**
(1) ①5 ②19 ③9 ④16 ⑤4 ⑥12 ⑦8 ⑧10

(2) ①確かめる ②難しい ③営む
④退く ⑤滞り ⑥志す
⑦支えて

## 解き方

**1**

(3)前後の文脈をふまえて、あてはまる漢字を考えましょう。

(4)「機《はた》」とは、布を織るための機械のことです。

(5)C「服」の部首は「つきへん」です。同じ形でも、体に関連する漢字(「肌」「脚」など)に使われているものは、「にくづき」とよばれ、異なる部首です。

**2**

(1)①「銅」は、地中の金属を意味する「金」に、「ドウ」という音を表す「同」が合わさった**形声文字**です。

②「本」は、「木」に短い横棒を加えて木の根元を表した**指事文字**です。

③「鳥」は、鳥の形を表した**象形文字**です。

④「休」は、人を意味するにんべんに「木」が合わさった会意文字で、人が木陰《こかげ》で休む様子を表しています。

⑤「月」は、三日月の形を表した**象形文字**です。

⑥「天」は、人の頭部を大きく強調して「うえ」や「そら」という意味を表した**指事文字**です。

⑦「飯」は、食べることを意味する「食」に、「ハン」という音を表す「反」が合わさった**形声文字**です。

⑧「位」は、人を意味するにんべんに「立」つ場所という意味の漢字が合わさった**会意文字**です。

(2)「畑」は中国から伝来した漢字ではなく、日本でつくられた漢字です。

**3**

(2)送りがなは活用する語尾《ごび》の部分をひらがなで書くのが基本のルールです。③「営む」、④「退く」、⑤「滞《とどこお》る」、⑥「志す」、⑦「支える」がこれにあたります。②「難しい」のように言い切りの形が「〜しい」のものは、基本的に「しい」を送ります。しかし、①「確かめる」のように、これらのルールにあてはまらない形が慣用となっているものも多いため、一つ一つ覚えていきましょう。

## チャレンジテスト❷

本冊126ページ

**1**

(1) ①促進 ②郊外 ③偶然 ④繊細 ⑤慶事
(2) ①明瞭 ②威厳 ③悲嘆 ④嘲弄 ⑤巧妙
(3) ①疎外 ②辞典 ③決裁 ④非情 ⑤内臓
(4) ①A 公正 B 厚生 ②A 干渉 B 緩衝
(5) ①成算→清算・歓心→関心 ②輩出→排出 ③鑑賞→観賞 ④必死→必至・修了→終了

**2**

(1) ①ひりつ ②じゅよう
(2) ③かくしがまえ[はこがまえ] ④ひとがしら[ひとやね]
(3) ③7 ④4
(4) ⑤ア ⑥イ

## 解き方

**1**

(2)④「嘲弄《ちょうろう》」とは、あざけりもてあそぶという意味のことばです。

(3)①「疎外《そがい》」とは、うとんじて仲間はずれにすることを意味することばです。

**2**

(2)③「**かくしがまえ(匸)**」と「**はこがまえ(匚)**」は、もともと別の部首でしたが、常用漢字の表記では字形の区別がなくなったため、辞典ではまとめて一種類の部首として扱《あつか》うものもあります。もともとは、「医」「区」「匿」「匹」などは「**かくしがまえ**」、「匠」は「**はこがまえ**」の漢字です。

④「**ひとがしら[ひとやね]**」は「介」のような、**人に関係する漢字**に使われますが、「合」のような、人に関係ない漢字に使われていることもあります。